AF221505

Originalausgabe

Herstellung und Verlag: BoD – Books on Demand, Norderstedt
ISBN: 9783752823356

Die

Pagane

Partei

Inhaltsverzeichnis

1. Die Bedeutung des Paganen für die Menschheit

Die erste Kultur der Menschheit war das Pagane. Zu diesem Urteil gelangte ich nach einem langen Studium unserer Geschichte. Auch bei der Entwicklung der modernen Wissenschaft und des Demokratischen war das Pagane eine essenzielle Triebkraft. Diese Erkenntnis kann nur zu einem Schluss führen: Das Pagane ist für alle Menschen von größter Bedeutung!

Mehr als zehntausend Jahre lang stellte das Pagane quasi die einzige Kultur der Erde dar. De facto jeder Mensch lebte damals pagan. Von damals bis heute reiht sich die Kette pagan lebender Menschen ungebrochen. Auch ich bin ein paganer Mensch. Aus meiner paganen Lebenserfahrung heraus schreibe ich dieses Buch für alle Paganen und all jene, die pagan werden wollen. Ich schreibe es genauso für alle Freunde, die uns Pagane darin unterstützen wollen, ein sicheres und selbstbestimmtes Leben führen zu können.

Pagan steht in meiner Sprache synonym für naturreligiös und heidnisch. Die Wörter meinen genau dasselbe. Sie unterscheiden sich höchstens im Sprachniveau. Während naturreligiös es sehr neutral bezeichnet, steht Heide oder heidnisch eher für einen bildungsfernen Sprachstil. Pagan wiederum kann als gehobene, wissenschaftliche Bezeichnung betrachtet werden.

Das sind jedoch nur Gedankenanstöße. Jede:r möge sich seinen* eigenen Zugang zu den drei Begriffen und ihrer gemeinsamen Bedeutung machen. Wesentlich für mich und den Ansatz dieser Abhandlung ist, dass alle drei Begriffe als bedeutungsgleich angesehen werden.

In diesem Buch geht es um die politische Dimension des Paganen. Ja, das Pagane ist primär eine Religion; dennoch hat es wie jede andere Religion der Erde auch eine politische Seite. Wenn wir heute von Paganer Politik reden, dann müssen wir uns eingestehen, dass wir einen kompletten Neustart wagen müssen.

Explizit Pagane Politik ist derzeit auf der Erde quasi unsichtbar. Das ist schade. Wir sollten uns daran erinnern, dass Pagane Politik einst für viele Jahrtausende die Bestimmende war und dass die Paganen das menschliche Politisieren sehr wahrscheinlich erfunden haben. Es ist interessant sich vorzustellen, dass es mit höchster Wahrscheinlichkeit pagane Menschen waren, die zuerst in der Menschheitsgeschichte politisch aktiv geworden sind. Dieser Blick auf unsere Ursprünge ist bereichernd. Er offenbart uns einen Ozean der Inspiration für unser heutiges Handeln. Durch diesen großen Ozean können wir uns zu unseren heutigen politischen Aktionen motivieren lassen.

In diesem Buch geht es um die Pagane Partei. Ausgang dafür ist die Erkenntnis, dass bisher einzig und allein die Demokratie in der Lage war, ernsthaft ethisch-moralische Politik zu betreiben. Die politische Landschaft innerhalb einer Demokratie teilt sich in Interessengruppen, die sich wiederum in Parteien organisieren.

Es gibt sehr viele Gründe, die dafür sprechen eine, bzw. in jedem Land eine Pagane Partei zu gründen. Es gibt mehrere Hauptgründe, die für den schnellstmöglichen Aufbau der Paganen Partei sprechen. Der erste Hauptgrund ist die jahrhundertelange Verfolgung der Paganen überall auf der Erde. Als zweites ist bedeutend, dass das Pagane die erste Kultur der Menschheit war und drittens natürlich: die Erfindung der Demokratie durch die Paganen des Altertums.

Gerade der zweite Grund kann die Grundlage unserer langfristigen Motivation sein. Denn eine Pagane Partei handelt immer im Geiste ihrer paganen Wurzeln, die mehr als zehntausend Jahre alt sind. Der erste Grund wiederum wird unser Antrieb sein: Denn es geht auch um unser nacktes Überleben! Wir müssen als Pagane politisch handeln, damit wir alle sicher leben können.

Pagane Kulturen verteilen sich heute überall auf der Erde. Im Großen lassen sich zwei Strömungen unterscheiden. Zum einen haben wir die ungebrochenen Traditionen. Diese haben zwar massive Veränderungen durchlebt, dennoch steht das Pagane in ihnen in ungebrochener Tradition. Am bedeutendsten ist hier die indische Naturreligion, heute oft als Hinduismus zusammengefasst; aber auch das

Shinto in Japan. Dazu kommen viele pagane Traditionen in Asien, Afrika und Amerika.

Die zweite Strömung umfasst die gebrochenen paganen Traditionen. Überwiegend durch den monotheistischen Fundamentalismus, aber in einigen wenigen Fällen auch durch den Kommunismus und durch Wirtschaftskriege, sind diese paganen Traditionen durchbrochen worden. Das betrifft pagane Kulturen etwa in Südamerika, Afrika und Australien.

Besonders hart hat es die europäischen Paganen getroffen, die durch das aus dem südwestlichen Asien stammende Christentum sehr viele Jahrhunderte totaler Unterdrückung erlebt haben. Auf keinem Kontinent war das Pagane länger systematischer Verfolgung ausgesetzt. Tatsächlich ist in dem Prozess der Vernichtung des europäischen Heidentums, die Bewegung entstanden, die unter dem Symbol „1492" überall auf der Erde systematisch pagane Kulturen vernichtet hat.

Historisch wurde uns Paganen von der Christenheit massiv Schaden zugefügt. Sie haben Millionen Pagane vorsätzlich und systematisch getötet. Dennoch wird eine gute Zukunft für uns Pagane nur möglich, wenn wir lernen, mit ihnen friedlich zusammen zu arbeiten.

Bei dieser Zusammenarbeit wird die primäre Aufgabe darin bestehen, alle systematischen und strukturellen Benachteiligungen für Pagane, die von Christen geschaffen wurden, aufzuheben. Und unter Umständen und in Einzelfällen auch Wiedergutmachung und Ersatz einzufordern, bzw. vorübergehend Sonderrechte einzuführen, um die strukturellen Benachteiligungen fair und demokratisch auszugleichen. Sobald dieser Heilungsprozess vollzogen wurde, steht einer Zusammenarbeit auf Augenhöhe nichts mehr im Weg. Es muss möglich sein, dass die Paganen und die Buchmonotheisten gleichberechtigt und gemeinsam zum Wohle der Welt handeln!

Pagane Kulturen finden sich auf allen bewohnten Kontinenten. Vorsichtige statistische Hochrechnungen schätzen, dass es derzeit mehr als eine Milliarde paganer Menschen auf der Erde gibt. Innerhalb dieser paganen Kulturen ist eine große Anzahl an Entwicklungsprozessen sichtbar. Dabei geht es sowohl um die komplexe soziokulturelle Konsolidierung mit festen Gruppen- und Individualidentitäten, als auch um die Integration neuer Technologien in die jeweilige pagane Kultur.

Seit einigen Jahrzehnten erleben wir in Europa wieder ein Aufblühen paganer Kulturen. Grund dafür ist, dass die weitreichenden systemischen Diskriminierungen weniger geworden sind. Am auffälligsten sind dabei jene Pagane, die sich an alten Riten, archaischer Kleidung und Kultur orientieren. Es ist die heidnische Strömung der Traditionalist*innen. Doch neben ihnen gibt es noch viele andere heidnische Strömungen.

Neben denen, die ihr Verständnis des Paganen vor allem in der Vergangenheit verorten und ihr Leben mit den alten Kulturen in Einklang bringen wollen, gibt es noch jene, die voll bewusst ihre pagane Lebensweise mit dem digitalen Zeitalter verbinden. Für sie spielt die Tradition nur eine untergeordnete Rolle. Ihre Religiosität manifestiert sich bewusst an den Fragen der Gegenwart, etwa dem Klimawandel und dem Internet, und richtet sich dezidiert auf die Zukunft aus.

Ich persönlich versuche immer im Einklang mit den drei Nornen zu leben. Dabei bringt mich der Blick mit der Norne Urd in Einklang mit den Traditionalist*innen. Mit Werdandi versuche ich meine Beitrag für eine bessere Gegenwart zu leisten. Skuld hingegen lässt mich gedanklich in die Zukunft schweifen. Sie ist die große Vision, die mich antreibt. Durch sie sehe ich in der Zukunft ein globales Netz vieler paganer Zentren, die eng verbunden politisch aktiv für eine heile Welt arbeiten.

Viele Pagane, inklusive mir, arbeiten an einer kontinuierlichen und steten Verbesserung unserer Lebensbedingungen. Wir versuchen unser Bestes zu geben, um zu helfen. Unsere Arbeit ist eine politische Arbeit. Denn Politik bedeutet: das sich umeinander kümmern. Das heißt, jede:r die sich aktiv um die Gesellschaft kümmert, handelt politisch. Jede:r Pagane, die das tut, betreibt Pagane Politik.

Ziel unserer Paganen Politik ist eine Politik zu realisieren, die Vorteile für alle bringt. Das beziehen wir sowohl auf alle Heiden als auch Nicht-Heiden. Die Pagane Partei strebt nach der

Sicherheit, dem Wohlstand und dem Frieden der ganzen Welt. Dabei ist unsere Politik jedoch dezidiert pagan.

Unsere Politik repräsentiert die heidnische Kultur, die die erste Kultur der Menschen war. Sie ist somit die Kultur der Vorfahren aller Menschen. Das Band mit unseren Vorfahren ist für das Pagane Bewusstsein essenziell. Denn wir handeln politisch, während wir uns spirituell mit unseren Ahnen in Verbindung setzen und bauen dadurch auch eine Verbindung zu kommenden Generationen auf.

Wir müssen politisch handeln. Denn wenn wir uns nicht füreinander einsetzen, wird es niemand tun. Jede:r Pagane, der bereit ist, die Verantwortung für seine Kultur und Religion zu übernehmen, muss sich somit zwangsläufig verpflichten, politisch aktiv zu werden. Die effizienteste und moralischste Form das zu tun, ist die Arbeit in einer Partei innerhalb einer Demokratie!

Als ich sah, wie oft Heid*innen in unserer Gesellschaft noch immer benachteiligt werden, wollte ich etwas tun. Ich fragte andere, ob sie sich politisch für die Rechte der Paganen einsetzen wollten. Leider fand ich nur verschlossene Türen. Keine:r wollte sich die Mühe machen und sich politisch für die Rechte der Heiden stark machen. Einige sagten sogar, dass sie dagegen sind, dass wir uns politisch für die Rechte und gegen die Diskriminierung von Paganen einsetzen sollten.

Ich fand keine:n, die bereit war, die Arbeit aufzunehmen, um den Schutz der Paganen gewährleisten zu können. Zwar zeigten einige Interesse, aber als ich ihnen sagte, welche Arbeit zu leisten wäre, da wollten sie diese Energie nicht für die Paganen aufbringen. Stattdessen hörte ich mir eine Menge Ausreden an.

Deshalb begann ich allein und schrieb dieses Buch als ersten Baustein für die Zukunft einer dezidiert Paganen Politik. Denn nur eine Pagane Politik kann die Basis sein, von der aus wir unsere Rechte politisch einfordern können. Nur die Pagane Partei kann schlagkräftig genug sein, damit wir uns dauerhaft gegen Diskriminierung zur Wehr setzen können. Nur die Pagane Partei kann wirklich dauerhaft eine dezidiert Pagane

Wirtschaftspolitik initiieren, die uns langfristig Wohlstand garantiert.

Die Staaten unserer geliebten Erde sind voll von Diskriminierungen die spezifisch Heiden* benachteiligen. Das Christentum und die anderen asiatischen Monotheismen haben die Gesellschaften der Erde über Jahrhunderte durch ihr Dominat geformt. Sie waren von Anfang an darauf ausgerichtet, uns Heid*innen aus der Geschichte zu verbannen. Das ist die historische Wahrheit und dennoch schreibe ich das Buch der Paganen Partei mit der Hoffnung auf dauerhaften Frieden und Kooperation mit den Buchmonotheisten*, als auch allen anderen Religionen und Nicht-Religionen.

Drei Gründe motivieren mich, die dezidiert Pagane Politik zu starten. Zum Ersten: Es gibt bisher keine dezidierte politisch-pagane Bewegung. Das ist eine Katastrophe, die geändert werden muss! Zum Zweiten: Es gibt sowohl einzelne Personen als auch Gruppen, die gezielt Menschen wegen ihrer paganen Lebensweise diskriminieren. Zum Dritten: Es ist absolut notwendig, dass die Paganen ihre

Zukunft selbst bestimmen, wenn sie glücklich und erfolgreich sein wollen. Das ist jedoch nur möglich, wenn wir Naturreligiösen aktiv Pagane Politik gestalten.

Es gibt keine Religion, die mehr Varianten ausgebildet hat als das Pagane. Sie ist auch die älteste, nachweisbare Religion der Erde. Denn Pagan bedeutet naturreligiös und lässt sich ebenso als natürliche Religion übersetzen. Auch die indische Naturreligion(en) ist eine Pagane Religion. Sie wird heute unter dem Begriff Hinduismus zusammengefasst, bzw. wird das Wort Hinduismus als ihr Oberbegriff verwendet. Unter das Wort Hinduismus fallen eine extrem große Anzahl an religiösen Traditionen. Das Wort Pagan wiederum ist der Oberbegriff für alle Naturreligionen, zu denen eben auch der Hinduismus zählt.

In Indien gibt es selbstverständlich Pagane Politik, also eben hinduistische Politik, die eine Variante paganer Kultur ist. Das ist gut für uns. Denn wir können viel von ihr lernen. Besonders aufschlussreich ist der friedliche Widerstand und der erfolgreiche Befreiungskampf gegen das

UK-Christentum, welches Indien lange besetzt hielt und versuchte die indische Naturreligion, ähnlich wie früher in Europa die europäischen Naturreligionen, auszulöschen.

Indien ist ein wichtiges Symbol dafür, dass Pagane Politik erfolgreich sein kann. Wir sollten die indische Politik studieren und schauen, wie wir ihre positiven(!) Seiten übernehmen können. Indien kann uns als lebendiger Beweis dienen, dass Pagane Politik gelingen kann und dass wir sehr erfolgreich sein werden, wenn wir nicht aufgeben.

Überall auf den bewohnten Kontinenten gibt es den Konflikt zwischen uns Paganen und dem Buchmonotheismus. Die Pagane Partei nimmt sich dieses Konfliktes mit einer klaren Zielsetzung an: Wir möchten das dieser Konflikt einvernehmlich endet. Die Pagane Partei sucht einen Weg, wie ein friedliches Zusammenleben für beide Gruppen auf allen Ebenen möglich wird. Unser ausschließliches Ziel ist es, diesen Konflikt dauerhaft zu überwinden. Die Pagane Partei strebt nach einem Weltzustand, der es allen Weltanschauungen erlaubt, sich friedlich und selbstbestimmt auszuleben. Dies fordern wir für uns Pagane und wir fordern es für alle anderen.

Da wir über diesen Konflikt reden, wollen wir auch so ehrlich sein und zugeben, dass wir uns als die Geschädigten in diesem Konflikt ansehen. Wir sind auf globaler Ebene das Opfer systematischer und struktureller Gewalt durch die Buchmonotheisten geworden. Die Christen rechtfertigen ihre Gewalt gegen die Paganen bis heute mit etwas, das vor sehr langer Zeit ein paar römische Kaiser und Beamte getan haben. Doch weder komme ich noch die Mehrheit der Paganen aus Rom. Noch rechtfertigt dieses römische Fehlverhalten eine jahrhundertelange, globale Verfolgung und Ausrottung Paganer Menschen und Kulturen!

Was in Rom passierte, betrifft mich nicht, da ich genauso wenig wie die Paganen Amerikas oder Australiens jemals historisch in dessen Gebiet lebte. Aber was mich als Naturreligiösen betrifft, ist die systematische und anhaltende Verfolgung der Naturreligiösen, die sich überall auf dem bewohnten Erdball ereignet(e). Ich betone das da in der Beilegung des Konflikts zwischen uns und den Buchmonotheisten*, wir die Rolle der Geschädigten* inne haben und deshalb mit der Forderung in die Verhandlungen gehen, dass die strukturellen Benachteiligungen umgehend eingestellt werden müssen. Wir fordern die Buchmonotheist*innen auf, den Schutz und die spirituelle Selbstbestimmung aller Paganen überall zu garantieren. Das gilt besonders für Staaten, die mehrheitlich monotheistisch sind.

Frieden ist das Ziel der Paganen Partei! Nach meinem Selbstverständnis war es auch das Ziel vieler Paganer Kulturen des Altertums. Der wesentliche Unterschied ist, dass sich unsere soziokulturellen Techniken seit damals sehr stark weiterentwickelt haben und unsere Möglichkeiten Frieden zu leben, heute viel umfassender sind. Pagane Politik strebt danach, alle friedlichen Möglichkeiten auszuschöpfen.

Aufgrund der Brisanz des Themas will ich es noch einmal betonen: Wir Naturreligiösen wollen ein friedliches Miteinander mit den Buchmonotheisten* (auch mit allen anderen Nicht-Paganen). In dem seit über tausend Jahren andauernden Konflikt sehen wir keinen Sinn. Er schadet uns allen. Wir wollen ihn dauerhaft beenden. Dafür wählen wir die Mittel der Aussöhnung, des Kompromisses und der konstruktiven Zusammenarbeit.

Diesen Konflikt zu kennen ist wichtig, da er den Zustand der aktuellen Paganen Kulturen historisch einordnet. Doch die Taten der Buchmonotheisten definieren nicht, was Pagan ist. Das Pagane existiert völlig unabhängig vom Buchmonotheismus. Vielmehr scheint es so, dass der Buchmonotheismus aus dem Paganen heraus entstanden ist und sich als Abgrenzung dazu versteht. Das Pagane wiederum entstand unabhängig davon. Im Gegensatz zu den Buchmonotheisten* brauchen wir Paganen den Buchmonotheismus nicht, um uns zu definieren. Ein Grund ist, dass das Pagane unabhängig und lange davor entstanden ist.

Bei meiner Recherche habe ich keine Kultur gefunden, die älter ist als das Pagane. Es wäre damit die älteste und erste Kultur der Menschheit. Das Pagane ist die historische Basis allen menschlichen Zusammenlebens. Persönlich glaube ich, dass das Naturreligiöse eine natürliche Entwicklung war, die automatisch passiert, sobald eine Spezies sich über das Tierische hinaus entwickelt. Alle anderen Kulturen sind dagegen künstliche Produkte, die eine Weiterentwicklung aus dem Paganen oder als eine Nachfolgekultur entstanden sind.

Damit erhält das Pagane den Status, dass es für jeden Menschen die ursprünglichste und natürlichste Kultur und Lebensweise ist. Es ist die einzige Kultur, die dem Ausspruch „Zurück zu den Wurzeln" wirklich gerecht wird. Das Pagane wird so zum urtümlich Menschlichen. Jeder Mensch, der sich mit seinen ureigenen Wurzeln verbinden will, muss deshalb zurück zum Paganen gehen.

Die Bedeutung des Paganen beschränkt sich nicht auf die Vergangenheit. Sie ist genauso groß für uns Menschen der Gegenwart und sie ist noch größer für die Menschen der Zukunft. Es ist heilsam Wurzeln zu haben. Genauso wichtig ist ein starker Stamm mit vielen Ästen und einem gesunden Blätterwerk. Noch wichtiger sind die gesunden und starken Blätter und Äste, die neu wachsen und die Samen des Baumes, mit denen er neue starke Bäume gebiert.

Die tausende Jahre alte Geschichte der Naturreligionen bedingt ihre enorme Bedeutung für alle Menschen der Gegenwart und die kommenden Generationen. Dieses Band der Vergangenheit verleiht uns die Kraft den Problemen der Gegenwart besser begegnen zu können. Wir brauchen diese Kraft, denn global scheinen uns Menschen die Probleme gerade über den Kopf zu wachsen. Es ist die Kraft aus unserer paganen Vergangenheit, die uns mit Mut und Glauben den Problemen ins Gesicht sehen lässt.

Wir sind verbunden mit der Vergangenheit. Doch wir sind keine Vergangenheit. Das Erinnern unserer paganen Wurzeln verleiht uns Bedeutung. Das Pagane geht jedoch weit darüber hinaus. Auch unabhängig von der Vergangenheit hat es gigantische Bedeutung für unsere Zeit. Es gibt uns ein heileres und besseres Selbstverständnis und lässt uns in Harmonie mit der Erde leben.

Wir sind Kinder der Natur. Wie viele Stahl-Kunststoff-Beton Türme wir auch bauen; all das bleibt ein Ergebnis der Naturkräfte. Wie weit unsere Digitalisierung auch reichen wird, sie bleibt ein Produkt aus natürlichen Ressourcen. Der Glaube, dass unsere Städte von der Natur losgelöst sind, ist eine fatale Fata Morgana; schon allein deshalb weil wir Menschen als Kinder der Erde ihr Mittelpunkt sind. Pagane Kulturen und Traditionen finden sich in allen Metropolen.

Gegenwartsreligionen und Religionen der Vergangenheit unterscheiden sich. Für uns Pagane ist das Band der Ahnen sehr bedeutend. Doch auch bei uns sind die Unterschiede groß. Pagane Spiritualität erblüht heute völlig neu. Ihre Samen stammen aus der Vergangenheit. Ihre Blüten jedoch sind ein Wunder der Gegenwart. Mit ihren bunten Farben verzaubert das Pagane unsere Städte und gibt unseren Leben im hier und jetzt Würze und Sinn.

Die tausende Jahre alte pagane Vergangenheit lässt vermuten, dass unsere pagane Geschichte noch viele tausend Jahre weiter gehen wird. Ich lebe heute in einer Zeit, in der die ersten kommerziellen Flüge ins Weltall starten. Mit viel Glück werden die Paganen von Morgen weiter reisen, als wie wir uns das heute erträumen könnten. Ihre Wege werden Pagane Wege sein. Ihre Spiritualität wird ihr Leben prägen und ihre Umwelt gestalten. Für sie werden wir das Band der Ahnen sein und sie werden im Gedenken an uns, die Kraft gewinnen, die Probleme ihrer Zeit zu lösen.

2. Eine Skizze Paganer Politik

Die erste Hauptaufgabe der Paganen Partei ist, das Band zwischen allen paganen Kulturen der Erde zu knüpfen. Diese Aufgabe steht über allem. Wir leben gemeinsam auf dieser Erde und wir müssen uns vernetzen, um die Zukunft erfolgreich gestalten zu können. Die zweite Hauptaufgabe ist es, regionale und nationale Politik zu gestalten. Die Welt ist stetig im Wandel. Es kommt zu immer neuen Problemen und Herausforderungen. Die Pagane Partei muss tagesaktuell darauf reagieren und den Menschen ein gutes Leben ermöglichen.

Wagen wir noch einmal den Blick in die Geschichte: Hier in meiner Heimat stand es über tausend Jahre unter Todesstrafe pagan zu leben. Genauso ist es denen ergangen, die von ihren Mördern Aborigines und Indianer* getauft wurden. Dasselbe geschah in Afrika und Asien. Viele Millionen Pagane wurden ermordet. Die Erinnerung an diese Opfer wachzuhalten, wird selbstverständlich zur Aufgabe der Paganen Partei: Wir Naturreligiösen brauchen eine lebendige Erinnerungskultur. Wir Paganen der Gegenwart müssen begreifen, dass diese Ereignisse ein globales Ereignis waren, welches sich gegen alles dezidiert Pagane richtete.

Ausschließlich wenn wir uns politisch verbünden, haben wir eine Chance solche Verbrechen in Zukunft zu verhindern! Diese Einsicht ist absolut essenziell! Das Pagane war einst weltweit die vorherrschende Kultur gewesen. Es verschwand dann nicht einfach so, sondern es wurde brutal und systematisch ausgelöscht. Daraus ergibt sich der gemeinsame Narrativ aller Paganen dieser Erde. Dieser Narrativ ist eine Säule für das globale, pagane Bewusstsein. Eine zweite Säule ist der Traum von einer besseren Zukunft.

Pagane Politik soll dem Vorteil jeder heidnischen Person, dem gesamten Volk und der ganzen Welt dienen. Unser Ziel ist es, eine spezifisch Pagane Politik zu entwickeln, die diesem Anspruch gerecht werden kann. Dazu müssen wir unsere Politik immerwährend reflektieren, offen für Kritik und Vorschläge sein und uns intensiv mit den Prozessen auseinander setzen, die weltweit geschehen. Fleiß, harte Arbeit, Geschick, strategisches Denken und spirituelles Glück werden die Grundlage unserer erfolgreichen Politik sein.

Solche Ziele zu realisieren, wird wahrscheinlich nicht sofort gelingen. Dennoch setzen wir uns diese Ziele als Antrieb für unsere politische Arbeit. Die Pagane Partei hat Ideale und sie setzt sich Ziele. Denn nur durch unsere Ziele wissen wir, wohin wir unsere Politik steuern müssen.

Nur durch die richtigen Idealen werden wir nicht aufgeben oder zerfallen.

Die Pagane Partei ist keine Partei, die alle Paganen zu Mitgliedern machen möchte, noch alle Paganen vertreten möchte. Wir lehnen einen allumfassenden Anspruch grundsätzlich ab, da so etwas unprofessionell und fundamentalistisch ist. Es geht uns darum, eine Interessenvertretung Paganer Menschen zu sein und darum unsere Paganen Positionen in den Parlamenten zu vertreten. Unser Ziel ist es, als Pagane Politik zu machen und bewusst, als solche wahrgenommen zu werden.

Wir wollen keine dubiose Vereinigung aller Heiden sein! Das dürfen wir nicht und das geht auch nicht. Denn der Diskurs freier Menschen ist immer vielschichtig und kontrovers. Es geht uns um die gemeinsame politische Arbeit. Politik passiert so oder so und wird auch ohne uns Paganen gemacht. Weltweit wird Politik gemacht von Gruppen, denen wir Paganen nichts bedeuten. Dennoch wirkt sich deren politisches Handeln stark auf unsere Leben aus. In vielen monotheistischen Diktaturen wird beispielsweise gezielt antipagane Politik betrieben und verbreitet. Dagegen richtet sich unsere Pagane Politik.

Wir brauchen keine vereinte Kirche wie die Gekreuzten. So etwas ist nicht sinnvoll und führt zu Missbrauch. Aber wir brauchen eine starke Organisation, die uns vor Gewalt, Missbrauch und Ausbeutung schützt. Die Pagane Partei will und kann diese Organisation sein. Die Pagane Partei hat sich die Aufgabe gestellt, wirtschaftlich das Überleben aller Heiden zu erarbeiten und die Freiheit aller Paganen zu erstreben. Zweifelsfrei träumt die Pagane Partei von einem vereinten Paganen Bewusstsein als globale Pagane, die gemeinsam (im ständigen demokratischen Diskurs) ihre Mitglieder* in die regionalen, nationalen und internationalen Parlamente schicken, um für Recht und Gesetz zu kämpfen.

Es wird anfangs vor allem darum gehen, die weitreichenden Benachteiligungen aufzuheben, die Pagane seit Jahrhunderten erfahren. Diese Diskriminierungen gegen Naturreligiöse finden heutzutage im Alltag statt, genauso wie im

Berufsleben, bei der Familienplanung, im Liebesleben, selbst bei Recht, Gesetz und Steuern. Sie schränken uns Pagane ein und verhindern, dass wir ein selbstbestimmtes und freies Leben führen können.

Uns geht es darum, gleiche Rechte für Pagane zu erkämpfen und gegen die zahlreichen Diskriminierungen vorzugehen. Es geht uns darum, den politischen Raum der Gesellschaft so zu gestalten, dass wir Naturreligiösen unsere heidnische Kultur selbstbestimmt ausleben und gestalten können. Wir kämpfen für freie heidnische Leben! Weder heute ist das, noch war das in der Vergangenheit selbstverständlich. Nachweislich wurde und wird Paganen weltweit verwehrt, pagan zu leben.

Warum brauchen wir eine Pagane Politik? Weil wir Paganen das Anrecht haben, sicher und frei zu leben. Was macht uns Pagane pagan? Es sind unsere naturreligiösen Kulturen, Traditionen, Weltanschauungen und Überzeugungen. Das Pagane bezieht sich auf einen Rahmen, der mit Wörtern wie religiös, spirituell und esoterisch abgesteckt wird. Genau in diesem Rahmen existiert das Pagane und genau aus diesem Rahmen heraus machen wir Pagane Politik.

Das kleine Wort pagan umfasst sehr viel. Denn zum Paganen zählen zahllose spirituelle und religiöse Traditionen. Das umfasst paganen Glauben, Rituale, Kulturen, Gebräuche und Sitten. Außerdem zählen dazu unsere pagane Lebensweisen. Was sich wiederum auf Familien, Gesellschaften, Völker und Individuen bezieht. Archäologische und historische Quellen beweisen millionenfach wie enorm alt das Pagane ist. Mir persönlich ist tatsächlich kein archäologisches Artefakt aus der Religion bekannt, das älter ist als die ältesten Paganen. Schlussfolgernd lässt sich zusammenfassen, dass das Pagane die komplexeste menschliche Kultur der Erde ist.

Es gibt nicht den Stereotypen Paganen*, noch die Stereotype Pagane Kultur. So etwas gibt es grundsätzlich nicht. Dennoch gibt es das „Pagane" als Oberbegriff für die gigantische Vielzahl an Paganen Lebensweisen. Das ist essenziell, um zu verstehen, was das Wort Pagan in Pagane Partei bedeutet. Es darf auf keinen Fall missverstanden werden, weil es sonst zu schwerwiegenden Missverständnissen führt. Pagan umfasst als Oberbegriff die gesamte Zahl der naturreligiösen Traditionen dieser Welt.

Der Paganen Partei geht es um mehr als nur Wähler*innenstimmen. Unser Ziel ist es, eine bessere Gesellschaft und eine heilere Welt aufzubauen. Derzeit scheint es, als ob es für solch ambitionierte Absichten schon zu spät ist. Denn der Blick auf die globalen Krisen ist besorgniserregend. Die vielen militärischen Spannungen und ökologischen Katastrophen erscheinen immer gefährlicher. Doch in unserem Paganen Glauben lebt immer auch die Hoffnung auf einer bessere Welt und der Mut und der Tatendrang sie aufzubauen.

Es ist nicht möglich, etwas zu bewegen, solange Wähler und Wählerinnen nur wählen gehen! Das müssen wir allen Paganen beibringen. Wir fordern deshalb unsere gesamte Wähler*schaft auf, aktiv Teil an der Paganen Politik zu nehmen. Wir werden nichts bewegen mit Wähler*innen, die uns zwar wählen, aber nicht bereit sind, Teil der Verbesserung zu werden. Ich rede von

Wählern*, die ihre von den Naturgöttern* gegebenen Gaben nicht zur Entfaltung bringen und stattdessen ihr Leben mit Müßiggang und Faulheit verschwenden.

Pagane Politik braucht aktive Wähler*innen. Deshalb ist die Hauptaufgabe der Paganen Partei die Erziehung der Menschen. Richtige Erziehung ist die Basis für eine gesunde Gesellschaft. Solange wir im Aufbau der Paganen Partei sind, erziehen, bzw. bilden wir unsere Paganen Kader aus. Sobald unser politisches Haus steht, richten wir unser Hauptaugenmerk auf die Förderung der nächsten Generation aus. Ausbildung, Schulung und Erziehung müssen für immer eine der Hauptaktivitäten der Paganen Partei sein.

Mit Nachdruck sage ich: Wir machen ausschließlich demokratische Politik und unser Ziel ist eine Gesellschaft zu gestalten, die gegenüber den Diktaturen (Kommunismus, Monarchie, Fundamentalismus, Militärjunta, Faschismus) konkurrenzfähig ist. Unsere Werte sind Freiheit und Gerechtigkeit. Beides findet sich niemals in einer Diktatur. Doch diese Werte sind die Grundlage, damit Menschen glücklich, sicher und wohlhabend leben können. Deshalb müssen wir sicherstellen, dass unsere Mitglieder diese Werte niemals vergessen und allen ständig die Maximen des Demokratischen bewusst sind.

Hier beginnt wieder das Erzieherische. Denn wenn sich das Kapitel mit Skizze Paganer Politik bezeichnet, dann meint das im Großen, dass wir hauptsächlich unsere Energie auf die Erziehung und die Aus- und Weiterbildung konzentrieren. Das tun wir nicht nur für die Zukunft. Das ist nämlich auch das wesentliche Erscheinungsbild der Gegenwart aller Paganen Politik.

Ob Hierarchie zwischen Mitgliedern ist oder nicht, ist nicht relevant. Wir müssen uns auf die Implementierung hoch funktionaler und effizienter Lehr-Lern-Situation fokussieren. Diese müssen dauerhaft einen höheren Stellenwert haben als die Frage nach Hierarchie oder Führungsposition. Denn Lehren und Lernen führen die Pagane Partei zum Erfolg, durch Krisen und in eine sichere Zukunft.

Unser Ziel ist es, Pagane Politik in den Alltag jedes Menschen zu bringen. Dazu müssen wir sichtbar werden. Die Möglichkeiten, die das demokratisch-politische Spektrum bietet, sind nahezu unbegrenzt. Es beginnt mit einfacher Werbung in Radio, Internet und Fernsehen, dem Aufstellen öffentlicher Stände, dem Verteilen von Werbegeschenken und dem Durchführen von Demonstrationen. Es geht über zahllose Hausbesuche, Unterschriftensammlungen und Beteiligungen an Ausschüssen und öffentlichen Sitzungen; bis hin zu den wichtigen politischen Schulungstrainings und Jugendcamps. Wir müssen alle Möglichkeiten ausschöpfen!

In manchen Bereichen wird es leider gar nicht möglich sein, spezifisch Pagane Politik zu entwickeln. Das können etwa technische oder ökonomische Bereiche sein. Möglicherweise ist das im Fintech oder Ingenieurswesen so. In diesem Fall übernehmen wir die sinnvollsten und effizientesten Methoden und Strategien und flechten sie in unsere politischen Konzepte ein.

Das ist wichtig zu verstehen: Im sozialen und kulturellen Bereich gibt es - wenn auch höchst vielschichtig und komplex - dezidiert Pagane Politik und pagane politische Konzepte. Andere

Bereiche stehen nicht direkt mit dem Religiösen, Sozialen und Kulturellen in Verbindung, was aber der primäre Bezugsrahmen des Paganen ist. Dennoch sind das wichtige Bereiche, die wir steuern müssen, um erfolgreich politisch zu handeln. Deshalb müssen wir effiziente und effektive Handlungsmaximen für diese Bereiche in die Konzepte und Programme der Paganen Partei einbinden.

Pagane Politik darf und will den gesamten Alltag ihrer Mitglieder umfassen. De facto gibt es keinen Raum im öffentlichen Leben, der nicht politisch ist. Das zu glauben, ist eine gefährliche Narretei. Alles was im öffentlichen Raum stattfindet, ist die Folge politischer Handlungen. Ob jemand das glaubt oder nicht, ändert nichts an den Tatsachen. Doch wer diese Wahrheit anzweifelt, beweist dadurch nur seine Unkenntnis über die Gesellschaft in der er*/sie* lebt.

Das Privatleben ist heilig. Wir wollen mit unserer Politik diesen sicheren Schutzraum garantieren. Dennoch findet auch im Privaten Politik statt. Ebenso wirken sich die

Entscheidungen öffentlicher Träger* stark auf den privaten Raum aus. Schon allein dieser Umstand versetzt die Pagane Partei in die Pflicht, politisch zu handeln: Denn es ist ihre Aufgabe das Ausüben naturreligiöser spiritueller und sakraler Akte im privaten Bereich zu gewährleisten und Paganes Privatleben zu schützen.

Überall findet Politik statt und sie wirkt sich auf alle Lebensbereiche eines Individuums aus. Die Pagane Partei ist deshalb verpflichtet, ihr Angebot für jeden Lebensbereich spezifisch auszurichten. Ersichtlich ist dies für die konkreten politischen Veranstaltungen. Doch auch für den sportlichen, musischen und kulturellen Bereich müssen wir vielfältige spezifisch Pagane Angebote entwickeln. Ein besonderes Augenmerk muss auch hier wieder auf der Erziehung liegen, d.h. wir brauchen ein paganes Kulturangebot für alle Altersstufen der kindlichen Entwicklung. Außerdem müssen wir Pagane Netzwerke etablieren, um Eltern bei der Erziehung zu unterstützen.

Eine Skizze Paganer Politik ist immer nur ein kleiner Ausschnitt aus einer viel größeren Welt. Bereits der Blick auf die Pagane Politik unserer Altvorderen umfasst nur einen begrenzten Ausschnitt. Das ist schon durch die begrenzte Anzahl historischer Quellen bedingt. Denn die Quellenlage ist nicht komplett und erlaubt uns kein ganzheitliches Bild.

Die Pagane Politik der Gegenwart lässt sich relativ leicht überblicken. Sie konzentriert sich auf drei Zentren. Zuerst ist dort der Osten Asiens mit dem Schwerpunkt auf dem Hinduismus, teils auch kleinerer Strömungen wie Shinto, Bön und Konfuzianismus. Als Zweites gibt es die indigenen Kulturen, die Opfer des christlich-europäischen Kolonialismus geworden sind. Als Drittes finden wir das Wiedererwachen Paganen Bewusstseins in jenen Kulturen, die heute als „der Westen" subsumiert sind und den Bereich von Australien über Europa bis Amerika umfassen.

In allen drei Zentren handeln Pagane Menschen politisch. Ob sie ihre Politik als dezidiert Pagan bezeichnen, ist dabei irrelevant. Insofern ihre

Weltanschauung unter das Spektrum des Pagan-Naturreligiösen fällt, sind alle ihre politischen Aktivitäten Pagane Politik. Das ist auch der Grund, weshalb dieses Buch ein gemeinsames Paganes Handeln anstrebt. Denn politisch handeln tun wir Menschen, weil wir ein Ziel verfolgen. Sobald die Menschen der drei genannten Zentren ihre politischen Aktivitäten vereinen und bündeln, steigt die Chance massiv, dass sie ihre Ziele erreichen.

Deshalb brauchen wir die Pagane Partei als Fundament, auf dem wir uns vereinen können. In dieses Fundament fließen alle drei Zentren ein. Doch entscheidend bleibt jede:r Einzelne von uns: Am Ende beschreiben deine politischen Aktivitäten als Pagane die Skizze Paganer Politik am besten. DU musst deine politischen Aktivitäten als Pagane zum realen Wohl der Mehrheit einsetzen!

Denn auch wenn dieser Text alle Paganen und alle die pagan werden wollen anspricht, so geht es konkret nur um dich. Sie wie ich allein nur meine Aktivitäten steuern kann, kannst du das nur für deine. Denn auch die größte Partei ist nur ein Zusammenschluss ihrer Individuen. So wie ich ein Teil der Paganen Partei bin, bist du es auch, genauso wie alle anderen, die sich mit uns zusammen auf die Reise erfolgreicher Paganer Politik begeben.

3. Ideale und Ziele der Paganen Partei(en)

Ideale spielen in jeder politischen als auch religiösen Bewegung eine zentrale Rolle. Ebenso sind klar definierte Ziele essenziell, damit sich eine politische Bewegung wirklich vorwärts bewegen kann. Das gemeinsame Bewegen auf ein Ziel formt eine Bewegung und Ideale halten sie zusammen.

Was sind die Ideale und die Ziele jeder ernstzunehmenden Paganen Partei? Diese Frage ist essenziell, denn sie ist das Band, welches die Pagane Partei zusammenschweißt. Unsere Paganen Ideale sind das Fundament, auf dem wir die Pagane Partei aufbauen. Unser Ziel, allen

Naturreligiösen ein freies und glückliches Leben zu garantieren, ist die Sonne, der wir entgegen segeln. Unsere Absichten, dass alle Paganen ausreichend mit Lebensmitteln versorgt werden, eine gute Ausbildung und medizinische Versorgung erhalten, als auch sich ihre Träume erfüllen können, sind wie die Sterne, denen wir entgegen fliegen.

Ideale sind der Treibstoff unserer Politik. In jeder Paganen Tradition wird eine Vielzahl an Tugenden gelehrt. Das ist gut und darauf müssen wir aufbauen. Im Zuge der Globalisierung und Vernetzung der Welt muss sich jedoch jede regionale Kultur auch in Einklang bringen mit den internationalen Konventionen des Völkerrechts und den Menschenrechten. Gleichzeitig treten so auch die regionalen, paganen Kulturen in Kontakt und können voneinander lernen. Wird dies richtig genutzt – also indem den jeweils anderen die Stärken gelehrt werden – wird das ein enormer Gewinn für alle.

Das Selbstverständnis der Paganen Partei ist das einer Partei, die sich auf dem politischen

Parkett bewegt. Die Aktivitäten der Paganen Partei beschränken sich auf das Politische. Das umfasst natürlich ein breites Spektrum, der beim Parlamentarismus anfängt und bis zum Karitativen reicht. Politik umfasst einen weiten Bezugsrahmen und schließt soziokulturelle, wirtschaftliche, ethische, wissenschaftliche und verteidigungspolitische Dimensionen ein. Ihre Gewichtung richtet sich an den Erfordernissen der jeweiligen Zeit aus.

Die Pagane Partei ist niemals ein sogenanntes Sprachrohr der Götter oder ein göttlicher Vermittler sowie der Papst in Rom. Weder brauchen wir Paganen so etwas, noch ist es nötig. Wenn die Höheren Mächte wollen, sind sie immer in der Lage mit jedem Menschen individuell in Kontakt zu treten. Die Geschichte zeigt auch, wie häufig eine solche Vermittlerrolle zu Missbrauch geführt hat. Die Pagane Partei ist ein Zusammenschluss Paganer Menschen, nicht mehr und nicht weniger. Sie ist keine spirituelle Vermittlerin* oder ein religiöses Kollektiv von Ablasspriestern*. Die einzige Aktivität in diesem Kontext ist, dass die Pagane Partei aktiv und gezielt präventive Aufklärungsarbeit leistet und Missbrauch konsequent entlarvt und ggf. zur Anzeige bei den Strafverfolgungsorganen bringt. Jedes Sektentum lehnt die Pagane Partei ab und sie bekämpft Paganen Fundamentalismus!

Der Begriff des Paganen ist das Zentrum unserer politischen Bewegung. Die Arbeit der Begriffsbildung ist die dauerhafte Aufgabe der Paganen Partei. Wir müssen bei allen Paganen die Begriffsbildung des Paganen fördern, damit sich langfristig ein lebendiges globales, paganes Bewusstsein formen kann. Wir müssen gezielt über die Bedeutung des Wortes Pagan aufklären. Sein Sinn überträgt sich in die Wörter heidnisch und naturreligiös. Historisch meint er alle ursprünglichen religiösen Traditionen vor der christlichen Zeitrechnung. Er umfasst aber auch neuere religiös-spirituelle Bewegungen, die alle Merkmale des Paganen erfüllen.

Für viele Indigene aus Amerika und Australien wird das Wort Pagan anfangs wie ein Produkt des christlichen Europas klingen. Doch wir müssen ihnen klar machen, dass die Verbrechen, die ihnen als Naturreligiöse von den Christen angetan wurden, uns europäischen Heiden vorher auch angetan worden sind. Tatsächlich eint diese Erfahrung alle älteren paganen Kulturen.

Die Verbrechen seit 1492 (diese Jahreszahl steht hier vor allem symbolisch) außerhalb Europas begannen nicht 1492. Sondern sie begannen schon Jahrhunderte früher als Verbrechen gegen die europäischen Indigenen und ihre Pagane Kultur. Die Art des Verbrechens und der Grad der Gewalt ist dabei identisch. Diese Erfahrung eint alle Paganen weltweit.

Das Naturreligiöse als kulturelle Praxis muss immer als synonym mit dem Paganen gesehen werden. Es ist die religiöse Kultur aller heute als Indigene bezeichneten Völker. Wir müssen das begreifen und wir müssen das lehren. Denn wir brauchen ein globales Paganes Bewusstsein! Denn in diesem Bewusstsein ruht die politische Kraft uns zukünftig vor Mord, Missbrauch und Diskriminierungen zu schützen!

Heute sind wir in der Phase, in der wir dieses Bewusstsein erst schaffen müssen. Doch es wird hoffentlich das sein, was uns Paganen der Erde eines Tages Glück und Wohlstand garantiert. Denn dieses Bewusstsein kann die Quelle für einen fruchtbaren, interkulturellen Dialog zwischen allen naturreligiösen Traditionen der Erde werden.

Eine Partei impliziert Parlamentarismus und somit Demokratie. Parlamentarismus außerhalb einer echten Demokratie war immer Schein-Parlamentarismus. Deshalb kann es niemals für eine Pagane Partei ein anderes Ziel geben als die Demokratie. Wir müssen zu Wächtern und Wächterinnen der Demokratie werden. Die Demokratie ist eine Pagane Erfindung. Wir müssen dafür sorgen, dass diese Erkenntnis expliziter Teil unseres Paganen Narrativs wird. Deshalb nochmal ganz explizit: Das Ideal der Paganen Partei ist die Demokratie. Wir lehnen jede Form von Diktatur und Autokratie ab, selbst wenn es Pagane wären!

Ziel der Paganen Partei ist es, Netzwerke innerhalb der Demokratien aufzubauen. Wir wollen diese Netzwerke auf regionaler, nationaler bis hin zur internationalen Ebene schaffen. Derzeit müssen wir diese Netzwerke erst etablieren. Das wird viel Arbeit, Feingefühl und Organisationstalent erfordern. Sobald sie existieren, müssen wir wiederum viel Arbeit in die Pflege und ihren Erhalt investieren. Denn diese Netzwerke sind die Lebensadern der Paganen Partei.

Die Pagane Partei unterstützt ausschließlich das Ideal der Religionsfreiheit. Weder wollen wir alle zu Paganen machen, noch unterstützen wir irgendeine Absicht das Pagane zur alleinigen Religion zu machen. Wir glauben an den Austausch der Religionen und fordern alle Religionsgemeinschaften so wie uns selbst auf, aktiv gegen fundamentalistische Mitglieder* vorzugehen, die einen wirren Anspruch auf Ausschließlichkeit propagieren. Eine friedliche Welt ist nur möglich ohne religiösen Zwang!

Ein Hauptziel ist es, die perfekte Schnittmenge zwischen dem Habitus der Hochpolitik und dem Alltag der Menschen zu finden. Politik ist eine Welt für sich und doch macht Politik immer Politik für die Menschen. Viele Parteien scheitern daran, dass sie den Kontakt zu den Menschen verlieren und nur noch in ihrer eigenen Sphäre herumdümpeln. Das darf uns Paganen niemals passieren.

Eine solche abgehobene Politik handelt immer an den Menschen vorbei. Weil sie das Leid ihrer Bevölkerung gar nicht wirklich verstehen, schaffen sie es nicht, es zu lösen. Wir wollen; vielmehr noch: Wir müssen genau verstehen, was die Menschen wollen und wie wir ihnen helfen können. Wir müssen wirklich zuhören lernen, damit wir die Probleme der Bevölkerung wirklich fühlen können.

Wir machen Politik nicht nur für uns, nicht einmal nur für die Göttinnen und Götter. Wir machen Politik, um den Menschen zu helfen. Wir brauchen eine Politik, die am Zahn der Zeit ist! Veraltete Konzepte, die nicht mehr effizient sind, müssen weg. Wir sind in einem neuen Zeitalter, manche sagen sogar in einem neuen Äon. Wir müssen genau verstehen, was unsere Zeit kennzeichnet! Was sind ihre Merkmale, Mittel, Methoden und Medien. Wenn wir das identifiziert und analysiert haben, müssen wir es zum Vorteil für unsere Wähler*innen einsetzen.

Wir sind jetzt im Informationszeitalter. Wir müssen die neuen Techniken maximal zu unserem Vorteil nutzen. Weil wir das Medium Buch und Schrift nur ungenügend zu nutzen wussten, haben wir über tausend Jahre Niederlagen hinnehmen müssen. Das geschah besonders in Europa, aber ab 1492 auch auf mehreren anderen Kontinenten. Das darf sich nicht wiederholen. Wir müssen aus unseren Fehlern lernen, wenn wir nicht wieder zu weltweit Gejagten werden wollen.

In den meisten Paganen Traditionen steckt noch das Trauma, das wir durch den weltweiten buchmonotheistischen Terror erlebt haben. Doch das ist jetzt Vergangenheit. Wir sind in einer neuen Zeit erwacht, die uns enorm viele neue Chancen bietet. Heilen wir die spirituellen Wunden, die wir aus der Vergangenheit mitschleppen und dann lasst uns den Schritt in eine goldene Zukunft wagen.

Ideale helfen in einer extrem hektischen Welt, das Ziel nicht aus den Augen zu verlieren. Doch Ideale dürfen niemals zu Dogmen werden. Bei all unseren wunderbaren Idealen und Zielen dürfen wir niemals den Boden unter den Füßen verlieren. Denn alle Ideale und Ziele verlieren ihre Bedeutung, wenn sie unrealistisch werden.

Die Welt ist vielerorts ein herzloser Ort. Natürlich verfolge ich sehr intensiv die aktuellen Entwicklungen auf unserer Erde und habe die Geschichte studiert, um Kenntnis über die Verbrechen zu gewinnen, derer dezidiert Pagane* Opfer geworden sind. Doch ich beschränke meinen Blick nicht auf die Pagane Welt. Denn von Gewalt, Unterdrückung und Diskriminierung sind auch Nicht-Pagane betroffen. Auch sie liegen mir am Herzen! Auch sie müssen durch die Pagane Politik geschützt werden.

Wir müssen begreifen, dass Pagane und Nicht-Pagane nicht getrennt voneinander existieren. Wir sind auf dieser Welt alle irgendwie miteinander verbunden. Diese Wahrheit ist spiritueller Common Sense in fast allen naturreligiösen Traditionen. Es meint, dass wir unsere Ideale und Ziele nicht auf die Paganen Kulturen begrenzen können.

Wir wollen durch unsere Pagane Politik die Lebensbedingungen von Paganen als auch Nicht-Paganen deutlich verbessern. Allerdings beabsichtigen wir dabei nicht, eine extreme oder fundamentalistische Politik zu machen, der der Zwang innewohnt, Nicht-Pagane zu einer Paganen Lebensweise zu zwingen. Dies tun wir schon deshalb nicht, weil wir Naturreligiösen in vielen Regionen wie Amerika, Afrika, Australien, Asien und Arabien erfahren mussten, wie aggressive fundamentalistisch-monotheistische Politik unsere Paganen Lebensweisen ge- und zerstört hat.

Wir brauchen moralische Grundsätze, um Krisen zu meistern. Denn Krisen werden kommen, da nicht alle Pagane Politik gut finden werden. Wir dürfen uns da nichts vormachen: Sobald wir Pagane Politik machen, werden sich Leute gegen uns stellen. Das Pagane wurde seit Jahrhunderten überall auf der Erde verfolgt. Unsere Feinde werden nicht tatenlos zusehen, wenn wir uns jetzt entschließen, unsere Leben politisch selbst zu bestimmen.

Neben diesen äußeren Feinden wird es auch innere Feinde geben. Das sind Menschen, deren Mangel an Moral sie zu Taten veranlasst, die für uns Pagane schädlich sind. Etwa geht es um Personen mit zu viel Egoismus, die zum Zwecke der persönlichen Bereicherung Dinge tun, die den Heiden oder der Paganen Partei Schaden zufügen. Um diese Krisen zu überstehen, sind moralische Grundsätze ein Schild, dass uns schützen und widerstandsfähig machen kann.

Demokratische müssen einen hohen Grad an Ethik und Tugendhaftigkeit aufweisen. Es beginnt bei dem Einhalten von Wahlversprechen und geht hin bis zur Unbestechlichkeit, die wichtig ist, da Korruption tödlich für eine Demokratie ist. Wir müssen gute Pagane Politiker*innen formen. Sie müssen ethische Werte maximal verinnerlicht haben und instinktiv danach handeln, um langfristig eine Partei zu gründen, die wirklich in der Lage ist, ein Land sicher, reich und friedlich zu führen!

Pagane Ideale und Zielbewusstheit sind bei den Mitgliedern unserer Partei verschieden stark ausgeprägt und verteilt. Außerdem schwanken sie im Lauf der Zeit. Deshalb wird das Überleben unserer Politik davon abhängen, wie sehr wir uns untereinander positiv beeinflussen. Unsere Werte und Ziele tendieren immer zu einer Verbesserung. Deshalb legen wir Wert darauf, dass Bewusstsein unserer Ideale und Ziele ständig zu erhöhen. Doch wie gelingt uns das? Was braucht es, damit wir unsere Ideale verwirklichen und unsere Ziele erreichen können? Die Antwort ist einfach: Es braucht viele gute Freundschaften!

Ich werde jetzt nicht sagen, dass die ersten Freundschaften pagane Freundschaften waren. Das ist völlig irrelevant, schon allein deshalb, weil es Freundschaften meiner Erfahrung nach auch unter Tieren und damit in irdischen, vorreligiösen Kulturen gibt und gab. Was ich jedoch betonen möchte, ist der hohe Wert der Freundschaft für und in der Paganen Partei.

Freundschaft ist eines unserer Ideale und eines unserer Ziele. Freundschaften sind auch die Basis, auf der wir unsere Ideale verwirklichen und mit der wir unsere Ziele erreichen. Beides zeigt, wie zentral das Thema Freundschaft in der

Paganen Partei sein muss! Denn was wäre das Leben ohne gute Freunde/Freundinnen? Wo wäre der Sinn, wo der Spaß, wo Glück und Freude, wenn wir all das nicht mit Freunden* teilen könnten?

Freundschaft verbindet: Sie ist stärker als Blut und größer als Hass. Doch Freundschaft muss gelernt werden! Es muss ein Schwerpunkt unserer Jugenderziehung sein, soll aber auch unseren älteren Mitgliedern gelehrt werden: Wie knüpfe ich Freundschaften, wie baue ich meine Freundschaften aus, wie pflege ich meine Freundschaften, wie löse ich Konflikte in Freundschaften friedlich auf, wie halte ich Freundschaften über Jahre und Jahrzehnte aufrecht?

Die Freundschaft mag neben vielen anderen Kernwerten eines unserer zentralen Ideale sein. Frieden und Wohlstand werden neben vielen anderen unsere prominentesten Ziele sein. Am Ende wird es darum gehen im heidnisch politischen Alltag unsere Ideale und Ziele nicht aus dem Fokus zu verlieren und auch nach

Rückschlägen niemals aufzugeben, sondern mutig und bewusst immer weiterzugehen.

4. Politisches Alltagsgeschäft

Das politische Alltagsgeschäft ist sehr vielfältig. Angefangen beim Dialog mit Wähler und Wählerinnen, über die Arbeit in Ausschüssen und Interessengruppen, den Umgang mit Presse und Lobbyisten, das Sammeln von Spenden, bis hin zum Organisieren und Durchführen von Parteitreffen und öffentlichen Auftritten.

Wir müssen uns klar machen, dass erst durch das Bestehen in diesem politischen Alltag sich der wahre Wert der Paganen Partei beweisen wird. Wir müssen uns darauf einstellen, dass auf dem politischen Parkett eine Bewährungsprobe die nächste jagen wird. Wir müssen mit dem Stress umgehen lernen und maximale strategische Handlungskompetenz entwickeln. Rückschläge, Fehler und Niederlagen sind unausweichlich. Allein durch Erfahrung und Weisheit werden wir erfolgreich sein.

Einige könnten fragen, ob die Pagane Partei nur Politik für Pagane Menschen macht? Die Antwort ist sowohl ja als auch nein. Ja, die Pagane Partei macht explizit Politik zum Vorteil und für die Rechte aller Paganen. Nein, denn sie macht auch Politik zum Wohle aller Menschen und der gesamten Welt. Doch sie tut das eben durch explizit Pagane Politik. Denn gut gemachte Pagane Politik bringt allen Vorteile!

Oberstes Ziel des politischen Alltags ist es, sich lokal zu verwurzeln und bei den Menschen direkt und freundlich an die Tür zu klopfen und zu zuhören. Es darf uns niemals passieren, dass die Pagane Partei die Menschen vergisst und übersieht und zu einer abgehobenen Partei der Parlamentarier* wird. Der direkte Einzelkontakt ist die zentrale Methode der Paganen Partei und muss es bleiben! Die direkte Arbeit mit den Menschen soll unser Markenzeichen sein.

Wir wollen die Menschen verstehen, um ihnen wirklich helfen zu können. Unser Interesse gilt gleichermaßen der Rentnerin, dem jugendlichen

Teenager, den jungen Eltern, als auch allen anderen Personengruppen. Natürlich geben wir zu, dass es ein Teil unseres Interesses ist, diese Personen zu aktiven Mitgliedern* der Paganen Partei zu machen. Dennoch ist das nicht unser Hauptziel. Denn unser Hauptziel ist das Glück und Wohl jedes Menschen.

Sobald wir Paganen mehrheitlich gewählt sind, besitzen wir den Regierungsauftrag. Mag vorher die Schärfe und Präzision unserer Paganen Sicht das Merkmal unserer Politik gewesen sein, ändert sich das von diesem Moment an. Denn von da an stellen wir die Regierung und sind in der Pflicht, zum Wohl für das ganze Volk und die heilige Mutter Natur zu regieren. Dabei halten wir uns an die Maximen der Menschen- und Erdlingsrechte. Sobald die Pagane Partei Regierungspartei geworden ist, muss sie Politik zum Nutzen für das gesamte Volk machen: somit also explizit auch für Nicht-Pagane. Wir machen Politik zum Wohle aller!

Die Pagane Partei startet mit dem Versprechen, dass sich die Pagane Partei bereit erklärt, härter zu arbeiten als jede andere Partei. Wir werden weisere Entscheidungen treffen, um für alle aus dem Wahlvolk, die beste Wahl zu sein und ihnen eine reiche und sichere Zukunft garantieren.

Eine stabile Regierung ist ein Muss! Denn das Land muss handlungsfähig bleiben. Solange die andere Partei die Menschenrechte und die Verfassung/ Grundgesetze einhält, ist eine Regierungskoalition immer denkbar. Ein gemeinsamer Regierungsauftrag auch mit Parteien, die andere Standpunkte vertreten, kann eine große Chance sein. Oft helfen verschiedene Perspektiven, Lösungen für komplexe Probleme zu finden, die allein nicht ersichtlich sind. Wir Paganen sind grundsätzlich offen für Dialoge und Kompromisse.

Die Rolle der Paganen Partei in der Opposition oder als Regierung in der Koalition mit anderen Parteien unterscheidet sich massiv. In der Opposition geht es um Schärfe und Kritik. In der Koalition mit anderen Regierungsparteien geht es darum, auch Punkte aufzugeben, um regieren zu können. Wir müssen für die jeweilige Phase unserer Politik vielfältige Strategien entwickeln, um das Maximum erreichen zu können.

Es muss uns bewusst sein, dass auch manchmal mit Parteien koaliert werden muss, die sonst in der Opposition unsere schärfsten Gegner sind. Denn in der Wahl hat die Mehrheit entschieden. Wir müssen deren Entscheidung respektieren, um im Namen der Mehrheit mit sonstigen Gegnern zusammenzuarbeiten und Lösungen zu finden. Diese Pflicht ist fundamental, um eine Demokratie am Leben zu erhalten. Staatliche Stabilität ist essenziell in einer Demokratie. Besonders weil nur sie den Schutz und die Versorgung der schwächsten Mitglieder* des Staates garantieren kann.

Solange eine Oppositionspartei die Standards der Gewaltlosigkeit, der Meinungsfreiheit und der gegenseitigen Fürsorge einhält, sind ihre Handlungen für uns Pagane akzeptabel. Es scheint hart, das zu tun, aber wenn die andere Partei(en) gute Arbeit leistet, dann sollten wir das anerkennen und offen wertschätzen. Es darf uns nicht darum gehen nur die Macht zu erlangen. Es muss uns darum gehen, das Beste für das ganze Land und das gesamte Volk zu erreichen.

Unter bestimmten Bedingungen könnte es innerhalb der Paganen Partei zu Abspaltungen kommen. Davor brauchen wir keine Angst zu haben, solange die Standards (Gewaltfreiheit, Demokratie, Menschenrechte etc.) eingehalten werden. Ich glaube angesichts der Weltlage, dass nur eine vereinte Pagane Partei in der Lage ist, zu einer Spitzenkraft auf den nationalen und der globalen Politbühne zu werden. Doch ich kann die Zukunft nicht voraussehen. Vielleicht werden wir eines Tages so groß sein, dass sich verschiedene Lager innerhalb der Paganen Bewegung formieren. Eine Trennung in verschiedene Parteien wäre dann kein Drama; auch deshalb weil eine Wiedervereinigung immer möglich ist.

Alle Parlamentarier*innen müssen geschützt werden. Sachliche Diskussionen sind gut und dürfen hitzig sein. Wir als Pagane Partei müssen jedoch sicherstellen, dass kein Politiker*in Anfeindungen gegen seine Person erleben muss. Wir müssen bewusst dafür Einstehen, dass unsere Mitglieder, als auch die Anhänger*innen der Paganen Bewegung ausschließlich gewaltfrei mit anderen um ihr Recht streiten. Dafür gibt es genügend Möglichkeiten (z.B.: Demonstrationen, Plakate, Werbung, juristische Maßnahmen, Podiumsdiskussionen etc.), die kreativ genutzt werden können. Physischer Gewalt darf im politischen Alltag keinerlei Platz eingeräumt werden!

Wir brauchen keine Verrückten*, die mit Gewalt Politik machen wollen. Ich glaube nicht an Gewalt. Aber ich glaube an harte Arbeit und gute Strategien. Wir wollen einen fairen Wahlkampf. In meinem Land gibt es das nicht, weil die christliche Partei indirekt hunderte Millionen aus Steuereinnahmen in ihre nichtstaatlichen Propagandazentren pumpt.

Zur Zeit erlebt die Demokratie einen ernsten Imageverlust. Schuld sind die Politiker*innen, die mehr und mehr eine abgeschlossene Kaste bilden, die den Kontakt zu den Menschen verloren hat. Das muss mit allen Mitteln in unserer Paganen Partei verhindert werden. Geht raus, redet mit den Menschen. Fragt bei ihnen nach. Hört zu und versteht die Probleme, die sie haben und tut es, ohne dabei künstliche

Schranken oder Standesdünkel aufzubauen. Denn wir sind wie sie, weil wir zusammen gehören!

Es wird Skandale geben. Daran führt kein Weg vorbei. Wir sind Menschen und Menschen machen Fehler. In einer großen Gruppe von Menschen werden zwangsläufig Fehler gemacht und auch Krisen erzeugt. Es gilt sich von Anfang an darauf vorzubereiten. Dazu müssen wir auch lernen mit den Medien und der Presse professionell umzugehen. PR-Arbeit ist eine wesentliche Säule der politischen Arbeit. Wir müssen enorm viele Ressourcen für die Öffentlichkeitsarbeit zur Verfügung stellen und regelmäßig vergrößern. Sie ist zukunftsweisend!

Es wird Zank, Streit und Konflikte geben. Eine solide und vernünftige Werteordnung und etablierte Kommunikationsstrategien sind die Instrumente, die solche Konflikte lösen können. Sie können gewährleisten, dass sich ein solcher Streit nicht zu etwas langfristigem und destabilisierendem entwickelt. Konflikte werden kommen. Streit wird es zwangsläufig geben. Das ist leider vorherbestimmt, einfach weil wir Menschen sind, wie wir sind.

Gelebte Vergebungskultur ist ein solider Baustein, um Konflikte zu heilen. Vor allem müssen wir ein umfassendes Handwerkzeug an Methoden und Strategien zur Konfliktlösung dauerhaft zur Verfügung stellen. Das umfasst Mediationen, Kommunikationstrainings, etwa gewaltfreie Kommunikation und ähnliche und die Bereitstellung verschiedener spiritueller Rituale, die in Paganen Traditionen seit langer Zeit praktiziert werden und seit alters her helfen, Konflikte friedlich beizulegen.

Umgang mit Kritik: Erst einmal: Satire ist Satire und darf Witze über uns Naturreligiöse machen, solange sie nicht beleidigend wird. Ansonsten müssen wir zwischen konstruktiver und diffamierender Kritik streng unterscheiden. Konstruktive Kritik ist unser Freund. Denn sie hilft uns, Fehler zu erkennen. Fehler sind absolut unvermeidlich für uns Menschen. Desto schneller wir uns ihrer also bewusst werden, desto schneller können wir reagieren.

Diffamierende Kritik ist eigentlich keine Kritik, sondern es sind Angriffe und Anfeindungen. Daran gibt es keinen Zweifel. Wir haben das Recht in einer Demokratie und die Pflicht gegenüber allen Paganen uns vehement gegen Diffamierungen zu wehren! Beleidigungen gegen Heiden waren in der Vergangenheit immer der Anfang systematischer Verfolgung. Wir dürfen das nicht erneut zulassen und müssen wachsam bleiben.

Die Familie ist in allen mir bekannten Paganen Traditionen heilig. Die Pagane Partei ehrt die Familien ihrer Mitglieder* und nimmt Rücksicht auf ihre Bedürfnisse, auch wenn sie keine Paganen sind. Grundsätzlich sind wir immer offen für alle Menschen. Wir wollen nicht die ganze Welt pagan machen, denn das wäre fundamentalistisch. Wir sind offen für die Menschen aller Meinungen, solange sie die Menschenrechte und die Gewaltlosigkeit einhalten. In der heutigen Zeit ist die Familie ein Treffpunkt vieler Sichtweisen und politischer und religiöser Überzeugungen. Die Pagane Sicht ist nur eine davon. Die Pagane Partei verpflichtet sich, eine Politik zu initiieren, die zur Stärkung und Harmonisierung innerhalb der Familie beiträgt.

Gute Sozialpolitik ist ein Grundanliegen Paganer Politik. Der Mensch als soziales Wesen ist das Zentrum Paganer Politik. Wir begreifen das einzelne Individuum mit seinen vielfältigen Dimensionen, die vom familiär-sozialen, über künstlerisch-hedonistischen bis hin zum beruflich-wirtschaftlichen gehen. Die Planung unserer Sozialpolitik richten wir an den Bedürfnissen der Menschen aus, die wir wiederum durch Gespräche, Umfragen und analoge oder digitale Gruppentreffen eruieren.

Religionen sind nicht frei von Missbrauch. Wir müssen davon ausgehen, dass überall da, wo ein hohes Maß an Hierarchie herrscht, Missbrauch stattfindet. Machtbesessene Verrückte* gibt und gab es in allen Religionen. Sie maßen sich an, einen direkteren Draht zu höheren Mächten zu haben und benutzen diesen Vorwand als Rechtfertigung für Ausbeutung und Gewalt. Die gesamte Pagane Partei stemmt sich gegen diesen

Missbrauch und gelobt ihre gesamtes Existenz lang, gegen solche Strukturen vorzugehen!

Innerstruktureller Missbrauch kann in jeder Organisation geschehen. Unsere Alltagssysteme müssen darauf abzielen, Missbrauch präventiv vorzubeugen. Auch wenn er dann durch interne oder externe Faktoren - wie der Presse - entlarvt worden ist, müssen wir damit reflektiert umgehen. Natürlich steht der Opferschutz an erster Stelle. Es ist auch nicht schlecht Fehler, Unachtsamkeiten, Versäumnisse und Betriebsblindheit einzugestehen. Es ist nur dann unser Versagen, wenn Opfern nicht geholfen wird und wir nicht aus unseren Fehlern lernen.

In meiner Studienzeit haben wir einen Nato-Stützpunkt in Brüssel besucht. Ein Oberst der Deutschen erklärte mir, dass die wichtigsten Entscheidungen an der Kaffeetheke getroffen werden. Damit hatte er sicher die politische Realität metaphorisch korrekt zusammengefasst. Auch wir Paganen dürfen nicht erwarten, unser Recht nur in den Plenarsitzungen und öffentlichen Debatten zu erreichen. Politische Netze sind deutlich komplexer als der offizielle

Teil. Beziehungen zu pflegen, Gefallen für Gefallen auszuhandeln und private Treffen zu managen, gehören auch dazu.

So traurig es klingt: Politische Entscheidungen werden oft nicht nach Kriterien der Moral und Effizienz getroffen, sondern auf der Grundlage von Machtstrukturen. Wir Paganen dürfen uns da nichts vormachen: Wenn wir politischen Erfolg haben wollen, müssen wir uns den realen Umständen des politischen Alltags anpassen. Sonst werden wir keinerlei Chance haben, das Beste für uns Pagane zu erreichen. Weder regional, national, noch international werden wir Erfolg haben, wenn wir die Regeln der Politik nicht kennen und zu unserem Vorteil nutzen können.

Im deutsche Wort Macht steckt der Sinn von machen drin. Genau darum geht es im politischen Alltagsgeschäft: Was ist wirklich machbar? Wir können die besten Pläne und Absichten haben. Wenn sie an der nackten Realität zerbrechen, weil sie nicht finanzierbar oder durchsetzbar sind; dann sind solche Pläne und Absichten nur Schäume aus feuchten Träumen!

Das politische Alltagsgeschäft ist knallhart. Unsere Gegner werden uns nichts schenken und wir müssen uns auf alles vorbereiten. Desto höher die Instanz, desto doppelzüngiger wird es werden und desto mehr Fallstricke werden uns erwarten. Alles was uns dann in den Stürmen des Politgeschäfts bleibt, ist, uns an unsere wahren Ziele zu erinnern: Sie sind der Grund, warum wir Pagane Politik machen.

Wir machen Pagane Politik, weil Pagane Menschen ein Recht auf eine politische Vertretung haben. Wir machen Pagane Politik, weil Pagane Menschen seit Jahrhunderten benachteiligt und diskriminiert werden. Wir machen Pagane Politik, weil wir wollen, dass jeder Mensch glücklich, sicher und selbstbestimmt leben kann. An diese Gründe müssen wir uns erinnern, damit wir im knallharten Alltag des politischen Geschäfts niemals die Flinte ins Korn schmeißen und aufgeben. Diese „Warums" müssen wir als Antrieb immer in uns tragen!

Es gibt viele die heute führende Positionen in paganen Traditionen inne haben und mit ihren Taten verhindern, dass die Paganen eine neue Blütezeit erleben. Gerade im sogenannten „Westen" sind viele von ihnen christlich getauft oder es handelt sich um christlich erzogene Konvertiten. Ich habe nichts gegen Christen, die zurück zum Paganen kommen. Aber es verwundert mich sehr, wenn sie plötzlich zu Missionar*innen für das Pagane werden wollen.

Ein Fall machte mir das besonders bewusst. Es ging um eine Person. Sie hatte einst christliche Theologie studiert und in ihrem Wirken als pagane Fürsprecherin war ihr Bezug zum Buchmonotheismus immer spürbar. Dennoch war sie in meiner Region zur wichtigsten Paganin aufgestiegen. Ich begleitete sie zu paganen Ritualen und zu Treffen in ihrer Wohnung. Die heidnischen Elemente waren unverkennbar.

Dennoch wurde bei einigen Treffen Karl der Große und ähnliche Personen verehrt. Für mich ist dieser Karl jener Mann, den ich für den bösesten Gegner des Paganen halte, den es in meiner Heimat jemals gegeben hat. Wer ihn verehrt, handelt ganz klar anti-heidnisch. Prägnant machte sie mir ihre Position deutlich, als sie zugab, dass sie grundsätzlich gegen eine Pagane Partei sei. Das war, angesichts dessen, dass mein Land zu dieser Zeit von Christen* regiert wurde, schon verwunderlich. Eine führende Rolle innerhalb einer Paganen Kultur zu haben und diese Meinung zu vertreten, bringt großen Schaden über die Paganen

 Es gibt viele, die so handeln und sich doch als Naturreligiöse propagieren. Das ist besonders schlimm, da sie notwendigen Schutz für Pagane und unsere Weiterentwicklung verhindern. Sie verhindern den Schritt zu einer globalen, politischen Bewegung aller Naturreligiösen. Auffällig bei vielen dieser europäischen Konvertiten* ist der Fetisch auf das europäische Mittelalter. Für mich persönlich ist das europäische Mittelalter sicherlich das anti-heidnischste Zeitalter. Klar erscheint die frühe Neuzeit viel anti-paganer. Doch die Kultur des Hasses im Christentum gegen alles Pagane, die dann zu der globalen Verfolgung der Paganen auf Kontinenten wie Amerika, Afrika und Australien führte, entstand im europäischen Mittelalter.

Wer in die Position eines Anführers oder einer Vorsprecherin rutscht, aber dann nicht die Verantwortung auf die richtige Art übernimmt, d.h. politisch handelt, für die, die er anführt. Jene:r ist in diesem Moment eine schlechte Anführer*in. Denn so bringen diese Leute Leid über ihre Schützlinge. Denn das Ziel guter Politik liegt im Schutz all jener, die sind.

Ich respektiere die Ahnen. Ich respektiere die, die für ihre heidnische Tradition das schwere Los auf sich genommen und geführt haben. Aber es wird Zeit, dass wir Heiden wieder siegen und zu einem globalen Einflussfaktor werden. Das wird nicht gelingen, wenn wir auf die Art weiter machen, die uns viele Jahrhunderte lang zu Verlierern* gemacht hat. Dazu braucht es eine neue Art und Weise von Führungskultur. Wer sagt, dass widerspräche seinen Überzeugungen und traditionellen Vorstellungen, sagt auch, dass ihm/ ihr das Wohl und der Erfolg seiner heidnischen Brüder und Schwestern egal ist.

Wir brauchen neue Anführer*innen; so viel ist sicher. Die Alten haben versagt. Sie hatten vielleicht gute Absichten, aber sie hatten keinen Erfolg. Wir sind seit Jahrhunderten Gejagte. Wir sind an den Rand der Gesellschaft gedrängt worden und mussten lange im Schatten vegetieren. Deshalb brauchen wir gute, neue Anführer*innen, die uns zurück ins Licht einer besseren Zeit führen.

Wir brauchen reife und weise Menschen, die bereit sind, die harte Arbeit zu leisten. Sie müssen bereit sein, sich ökonomisch zu bilden, damit jede:r Naturreligiöse* versorgt werden kann. Die sich mit Bildung beschäftigen und wie ein effizientes Bildungssystem aufgebaut werden muss. Daneben gibt es noch sehr viele weitere Aufgaben, denen sie sich stellen müssen oder vielmehr: In denen sie beweisen müssen, dass sie bereit sind, mehr zu arbeiten als jede:r andere.

Neue Anführer*innen müssen viele Aufgaben lösen: Sie müssen die anfallende Verwaltung und Administration auf ernst zunehmende Art und Weise organisieren, damit sie hoch effizient und konkurrenzfähig ist. Sie müssen sich über

Wissenschaft Gedanken machen. Und damit meine ich heidnisch geprägte, naturreligiöse Wissenschaft, die wirklich nach zeitgemäßen, wissenschaftlichen Standards arbeitet und nicht nach verrücktem, pseudo-wissenschaftlichem Irrsinn irgendwelcher Eso-Spinner*innen. Sie müssen ökonomisches Know-How entwickeln. Und das sind nur einige der zahlreichen Aufgaben, die auf sie zukommen werden. Vielleicht bist du eine:r der/die das Zeug dazu hat. Trau dich und stell dich deinem Schicksal!

Wir als Pagane Partei haben die Aufgabe, den Lebensalltag der Menschen so zu unterstützen, dass ihnen das maximal beste Leben möglich wird. Platt gesprochen ist das unsere einzige Aufgabe. Im Alltag zerteilt sich diese Aufgabe in viele Millionen kleinerer Aufgaben. Genau hier zeigt sich, wie gut eine Partei ist und genau deshalb brauchen wir ein System mit Wahlfreiheit wie die Demokratie. Denn keine Partei ist zu jeder Zeit und bei jeder Aufgabe gleich gut. Außerdem motiviert gesunde Konkurrenz zu besserer Leistung und verhindert strukturellen Missbrauch, wie er typisch ist in allen Diktaturen.

Im politischen Alltag ist es wichtig, den sogenannten kühlen Kopf zu bewahren. Das meint die Einheit von Ratio und Emotionen. Unsere Gefühle sind eine gewaltige Kraft, mit der Macht Berge zu versetzen. Doch sie können in gefährliche Extreme ausufern. Die Ratio kann das kontrollieren und gleichzeitig mit der Präzision eines chirurgischen Skalpells Probleme lösen. Doch die Ratio allein kann herzlos und berechnend werden und Menschen zu nackten Zahlen degradieren. Genau hier greifen Emotionen heilsam ein. Die Harmonie aus beiden Polen wird unsere Politik wertvoll machen.

Einzelne Akteure und kleine Gruppen werden die Pagane Partei prägen. Jedem Mitglied muss bewusst sein, dass es wichtig ist und das es zählt! Denn wie viel Macht die „Höheren" in jeden Einzelnen von uns gelegt haben oder wie groß das Schicksal jedes Einzelnen von euch ist, wird sich nur zeigen, wenn wir uns alle mutig hinaus aufs politische Parkett wagen. Auf diesem

Parkett wird politisch getanzt und dieses Tanzen können wir lernen. Anfangs erscheinen uns die einzelnen Schritte neu und ungewohnt. Doch mit der Zeit werden wir sie lernen, wenn wir fleißig üben. Irgendwann werden wir den ersten kompletten Polit-Tanz und dann weitere gelernt haben. Wir müssen uns nur trauen. Also trau dich und schwing das politische Tanzbein!

5. Organisation der Paganen Partei

Unser Ziel ist es, einen Staat erfolgreich führen zu können. Darauf müssen wir uns gezielt und intensiv vorbereiten. Alle unsere Aktivitäten, Strategien und Taktiken, als auch der Aufbau unserer Organisation sind auf dieses Ziel ausgerichtet. Wir schulen unsere Kader gezielt für diese Aufgabe. Denn sie müssen befähigt werden, einen Staat in seiner gesamten Komplexität erfolgreich lenken zu können.

Unsere Jugendverbände und Ortsgruppen werden wie die Säulen des Tempels sein. Unser

Dach sollen die Vertretungen in den nationalen Parlamenten werden. Und das Fundament werden alle unsere Mitglieder* sein. Neben dem Bild des Tempels können wir die Pagane Partei auch als einen lebendigen Organismus sehen: Jede einzelne Zelle zählt!

Wir müssen unseren Mitgliedern* eine Vielzahl von Kompetenzen lehren, wie den Umgang mit der Verwaltung, der Bürokratie, den zahlreichen Verwaltungsvorschriften oder den Aufbau effizienter Netzwerkstrukturen. Wir müssen sie für die Aufgaben schulen und ihnen beibringen, wie sie mit Kanzleien, Referent*innen und Medien umgehen; all das muss Teil der Ausbildung für die Parteimitglieder* sein. Darauf müssen die gesamten internen Abläufe der Paganen Partei ausgerichtet werden: Die Ausbildung ist die Basis für den zukünftigen Erfolg der Partei.

Erfolg kommt nicht einfach über Nacht. Er ist das Ergebnis von langer, harter Arbeit, gezielter Vorbereitung, guten Strategien und einer großen Portion Glück. Um letzteres bemühen wir uns durch den Erwerb eines guten Herzens und durch unsere spirituellen Rituale. Harte Arbeit müssen wir lernen, etwa indem wir unsere Kompetenzen im Bereich Motivation und Disziplin ständig steigern. Um uns gezielt vorzubereiten, starten wir Seminare und bauen Schulungszentren auf. Und die Fähigkeit gute Strategien zu entwickeln, erwerben wir durch intensives Studium und praktische Erfahrungen.

Die Struktur unserer Organisation hängt von den Ausgangsbedingungen ab. Ist die Pagane Partei noch nicht existent, sind die Strukturen, die wir aufbauen anders, als die Strukturen, die wir entwickeln, wenn die Pagane Partei bereits im Parlament vertreten ist. Entscheidend sind hier auch die rechtlichen Bedingungen: Darf eine Pagane Partei in der Region aufgebaut werden oder ist das per Gesetz verboten wie etwa in monotheistischen Diktaturen.

Ich persönlich halte die Wurzelarbeit für die wichtigste. Vor allem weil sie so demokratisch ist. Gemeint ist damit die direkte Arbeit mit den Menschen. Das ist die lebendige Ebene, die auch sehr reich an kulturellen Veranstaltungen ist und sein muss. Dabei geht es vor allem um die kleinen Ortsverbände und Stadtteilzentren. Sie können Orte für pagane Praktiken, Rituale und Kulturveranstaltungen werden.

Daneben dürfen wir nicht vergessen, dass es auch das hochpolitische Parkett mit seinen eigenen Spielregeln gibt. Auf dieser Ebene muss die Pagane Partei ebenfalls lernen, erfolgreich mitzuspielen. Mag für viele diese Ebene fern der Alltagswelt liegen, so ist sie es doch, auf der die bedeutenden Entscheidungen getroffen werden, die sich auf alle Menschen auswirken.

Ab einer bestimmten Größe ist es natürlich, dass sich innerhalb der Paganen Partei Flügel bilden, die sich ggf. sogar abspalten könnten. Was zwangsläufig nicht schlecht sein muss, solange sich die verschiedenen Paganen Flügel weiterhin streng an die moralischen Grundsätze (Frieden, Altruismus Hilfsbereitschaft, Wahrheit, Gewaltlosigkeit etc.) halten. Zentral geht es auch gar nicht darum, die Pagane Partei möglichst stark zu machen. Sondern es geht zentral um die Förderung prosozialer Werte wie Altruismus und Solidarität.

Innerhalb des politischen Heidentums gibt es heute schon verschiedene Lager. Neben den Traditionalist*innen, welche vor allem die jahrtausendealte Geschichte der Naturreligionen betonen und die Erinnerungen an die vielen Paganen Rituale wachhalten, gibt es noch viele weitere Lager.

Ein anderes bedeutendes Lager, das schon seit dem Altertum nachweisbar ist, ist das Weisheitslager. Für diese Gruppe sind Bildung, Wissenschaft und Forschung besonders wichtig. Die Grundlagenforschung weiser, antiker Heiden motiviert bis heute viele junge Wissenschaftler*innen weltweit. Wir dürfen die Bedeutung der antiken Gelehrten für die heutige Wissenschaft nicht unterschätzen. Auch die Kräuterkunde, Zauberkunst und Alchemie vieler Magier*innen des Altertums liegt auf den Entwicklungslinien, die zu unserer heutigen Wissenschaft geführt haben. Natürlich erfüllt die heutige Wissenschaft höhere Standards und doch liegen in den antiken Arbeiten vieler Zauberkundiger* die Wurzeln des heutigen Wissens und Verstehens.

Das Weisheitslager steht in enger Verbindung mit dem Lager der Wirtschaftsheiden. In deren Fokus steht wirtschaftlicher Erfolg als auch die Frage danach, was spezifisch pagane Wirtschaft ausmacht. Bereits im Altertum haben Heiden gewirtschaftet. Handel und rudimentäres Geldwesen sind heidnische Erfindungen. Doch diesem Lager geht es nicht um den Blick in die Vergangenheit und das Anknüpfen an alte Traditionen. Es geht ihnen um die konkrete ökonomische Gegenwart als auch um zukunftsweisende Investitionen. Ihr Ziel ist eine maximal effiziente Wirtschaftspolitik.

Ein anderes Lager ist das der paganen Kulturschaffenden. Von Musik, über Schauspiel und Malerei bis zu den neuen digitalen Künsten erschaffen Pagane ständig neue naturreligiöse Kunstwerke und lassen diesen Spirit auch in ihre politische Arbeit einfließen. Pagane Kultur lässt sich seit Jahrtausenden nachweisen. Gleichzeitig wird auch Neue erschaffen. Pagane Kultur hat auch eine politische Dimension und sie kann politisch genutzt werden, etwa um politische Forderungen auszudrücken.

Zwischen den Kulturschaffenden* und den Traditionalisten* gibt es enge Verbindungen. Denn das bewusste Wachhalten alter paganer Kulturartefakte liegt in beider Interesse: Es geht ihnen um die spezifisch Pagane Kultur. Die Kultur der Vergangenheit ist dabei nur eine Säule. Die große Anzahl heidnischer Kulturen haben eine Menge an Tanz, Musik, Malerei und vielem mehr hervorgebracht. Das zu bewahren, ist den Kulturschaffenden*, als auch den Traditionalist*innen ein Anliegen.

Daneben geht es den Kulturschaffenden allerdings auch um Gegenwartskunst und die Frage der Weiterentwicklung spezifisch Paganer Kulturerzeugnisse. In ihrem Interesse liegt es, den Rahmen zu schaffen, in dem Pagane Künstler*innen den Freiraum erhalten, um Pagane Kunst lebendig zu machen. Das Spektrum Paganer Kunst ist dabei unbegrenzt und geht weit über den klassischen Rahmen aus Musik, Malerei, Tanz und Film hinaus.

Nicht vergessen werden darf das Lager der Heiler* und Medizinerinnen*. Seit ältester Zeit war die Heilkunde ein wesentlicher Teil aller

83

Paganen Kulturen. Dieser Ansatz war immer ganzheitlich und umfasste physische, psychische und spirituelle Heilmethoden. Er war von Anfang an protowissenschaftlich und hat sich an den Kriterien der Effizienz, Wiederholbarkeit und Langfristigkeit orientiert. Ihr Schwerpunkt ist der Pagane Beitrag zu einer gesünderen Welt und die gezielte Erforschung immer besserer Heilmethoden, Mittel und Verfahren. Ihr Fokus liegt sowohl auf der breiten Versorgung der Gesamtbevölkerung, als auch der gezielten und systematischen Förderung der Forschung. Zusätzlich konzentrieren sie sich darauf, die Ausbildung neuer Mediziner*innen effizienter und einfacher zu gestalten.

Genauso gibt es das Lager der Verteidigung. Nach den Jahrhunderten der Verfolgung ist es diesen Heiden wichtig, zukünftig zu verhindern, dass Pagane erneut systematisch verfolgt werden können. Es geht gleichermaßen um die Frage, wie Pagane Menschen geschützt werden können, als auch wie die Landesverteidigung zeitgemäß organisiert werden muss.

Außerdem gibt es noch die konservative Fraktion, die besonders viel Wert auf Konventionen und Tugenden legt. Moral und Ethik spielten in allen Paganen Kulturen des Altertums eine große Rolle, zumindest für einen Teil der Bevölkerung. Dabei geht es um einfache Dinge wie Essens- und Kleidervorschriften, als auch um das Einhalten komplexer moralischer Verhaltensvorschriften.

Im Zuge des Klimawandels und seiner dramatischen Auswirkungen nimmt das Lager der spirituellen Naturschützer*innen erstaunlich schnell zu. Ihnen geht es um das ganzheitliche Leben mit und in der Natur. Die spirituelle Dimension ist wesentlicher Bestandteil dieses Lebensgefühls, wie sie bei den naturreligiösen Bewegungen seit alters her typisch ist. Sie setzen sich vor allem für ökologische Politik ein.

All diese verschiedenen Paganen Lager und Fraktionen sind heute schon in den Paganen Kulturen nachweisbar. Sie werden beim Aufbau der Paganen Partei eine wichtige Rolle spielen und ihr Bild nachhaltig prägen. Entscheidend in ihrem Verhältnis wird das Bewusstsein des

Gemeinsamen sein, das sie verbindet und nicht die Unterschiede, die sie scheinbar trennen. Der gemeinsame Geist des Paganen findet sich in allen Lagern und Fraktionen und ist stärker als weltlich erscheinende Unterschiede.

Zentral wird der Aufbau einer Rechtsabteilung sein. Pagane Menschen und Pagane Kulturen werden bis heute in vielen Staaten direkt und indirekt benachteiligt. Das geschieht auch durch Gesetze und juristische Normen. Gleichzeitig werden vielerorts Monotheistische juristisch massiv begünstigt, wodurch wiederum alle anderen Religionsgemeinschaften systemisch benachteiligt werden. Dies zu prüfen ist eine Kernaufgabe der Paganen Rechtsabteilung. Dazu kommt die administrative Funktion und der Umgang mit externen Klagen und ähnlichem.

Unsere Gesellschaften werden durch Recht und Gesetz geregelt. Das ist gut und wir Pagane unterstützen faire Gesetze. Doch wir dürfen nicht vergessen, dass viele Gesetzte lange so ausgelegt wurden, dass Paganen ein Paganes Leben - wenn überhaupt - nur unter erschwerten Umständen möglich war. Deshalb müssen wir die Gesetze genau studieren. Vor allem müssen wir alle unsere Mitglieder davon überzeugen, sich ernsthaft mit diesem wichtigen Thema zu beschäftigen.

Jede Partei mit ernsthaften Ambitionen braucht eine gute PR-Abteilung. Öffentlichkeitsarbeit ist eine Kernaufgaben, die erfüllt werden muss, um politischen Erfolg zu haben. Von vornherein müssen wir maximal viel Energie in dieses Ressort investieren. Beginnen und enden tut es selbstverständlich mit der Pressearbeit. Die Parteiinterne Presseabteilung, als auch die externen Medien, sowohl aus öffentlicher als auch privater Hand, sind die Organe, welche die Verbindung mit der Bevölkerung herstellen. Deshalb ist diese Arbeit die Basis für jeden Wahlerfolg.

Unser großer Nachteil ist, dass wir als Unbekannte ohne Basis und Lobby starten. Deshalb wird uns erst wenig Aufmerksamkeit geschenkt werden und dann viel Gegenwind entgegen wehen. Darüber dürfen wir nicht verzweifeln. Die modernen Medien sind wie ein stürmischer Ozean. Wir müssen das Segeln lernen und bei den Göttern der Meere, wir müssen schnellstens lernen, hochseetauglich zu sein.

Eine interne Presseabteilung sollte es selbst in der kleinsten Ortsgruppe oder dem einfachsten Stadtteilzentrum geben. Heute geht Presse-, bzw. Öffentlichkeitsarbeit weit über die traditionellen Medien wie Print (Zeitung, Magazin, Bücher), Radio und TV (Nachrichten, Dokus) hinaus. Etliche Social Media-Plattformen bieten Möglichkeiten an, um unsere politischen Botschaften zu verbreiten. Viele andere Parteien nutzen diese Möglichkeiten bereits erfolgreich. Unsere Pagane PR muss deshalb umfassenden, regelmäßigen und aktuellen Content für die verschiedenen Online-Plattformen in Form von Text, Audio und Video verfassen.

Marketing ist für eine zeitgemäße Partei, die erfolgreich sein will, entscheidend. Es empfiehlt sich große Marketing Agenturen zu engagieren, die das entsprechende Know-How mitbringen. Doch weder am Anfang des Aufbaus der Paganen Partei, noch für kleine Ortsgruppen und Stadtteilzentren wird diese Option finanziell möglich sein. Deshalb müssen wir/sie die Vermarktung unserer Ideen und Ziele selber managen.

Wir befinden uns auf einem Markt; vergesst das nicht. Wir konkurrieren mit anderen Parteien um Stimmen. Es wäre schön, wenn dabei die ethischste und beste Partei gewinnen würde. Doch meist gewinnt die Partei, die sich am besten verkaufen kann. Wir Pagane entwickeln natürlich das beste politische Konzept und streben danach die moralischste Partei zu werden. Doch ohne gute Marketingstrategie werden wir nicht genug Wähler* und Wählerinnen* gewinnen, die für uns stimmen.

Werbung ist ein probates Mittel in der Politik. Wir alle kennen die Plakate, die vor jeder Wahl auf den Straßen hängen, genauso wie die Werbespots im TV. Auch wir Paganen müssen diese Mittel bis zum Erschöpfen nutzen. Dazu kommen klassische Methoden wie das Verteilen von Flyern/ Broschüren oder die Haus für Hausbesuche durch gut geschulte Teams oder Laien*. Ein besonderer Schwerpunkt muss die Online-Werbung werden. Sie ist längst ein eigenständiges Wirtschaftsfeld mit ganz eigenen Regeln geworden. Sie bietet enorm viele Möglichkeiten. Wir müssen uns schnell die entsprechende Expertise erarbeiten und angesichts der rasanten Entwicklungen auf dem Online-Markt ständig updaten.

Marketing und Werbung zielen auf zwei Dinge ab. Zuerst einmal geht es darum, unseren Anhänger*innen zu zeigen, dass wir aktiv für sie und unsere gemeinsamen Interessen kämpfen. Als zweites geht es darum neue Mitglieder* für die Pagane Partei zu gewinnen, als auch neue Anhänger*innen. Ich bin davon überzeugt, dass wir von der Paganen Partei für alle Menschen die beste Wahl sind und das sollten wir stets allen bewusst machen, damit sie nicht dummerweise auf das schlechtere Angebot einer anderen Partei hereinfallen, nur weil die mehr Werbung gemacht hat.

Wir müssen extrem viel Zeit in die nächste Generation investieren. Wir sollten politische Akademien aufbauen, in denen die Jugend mit harter Arbeit und viel Spaß lernt, wie sie richtig wirtschaftliche und soziale Politik machen können. In diesen Akademien sollen sie lernen, wie sie sich sicher auf dem politischen Parkett bewegen können.

Die Pagane Partei strukturiert sich so, dass sie das ganze Leben eines Mitglieds begleiten kann. Das beginnt mit den Kleinkindergruppen bis hin zu den Jugendverbänden. Dann kommen die Aufbauakademien, die den Übergang von der Kindheit ins Erwachsenenleben unterstützen. Dann folgen die Zentren für das lange Erwachsenenleben mit den Schwerpunkten auf Karriere, Kindererziehung, Finanzen und Lebenssinn. Dann die Orte der Einkehr und Vertiefung für jene, deren Körper das Alter beginnt zu zeichnen.

Bei all diesen Phasen muss das Wichtigste die Zwanglosigkeit sein. Wir müssen eine komplexe, vielgliedrige Partei aufbauen. Doch sie darf niemals ein Zwangssystem werden! Ich glaube nicht an Zwang oder Druck. Um zu verhindern, dass einzelne Menschen oder Gruppen sich wehtun, kann Zwang notwendig sein. Doch er darf niemals von Dauer sein, da er sonst die Gewohnheit der Gewalt verhärtet, wodurch jede

Friedensordnung untergraben wird. Ich glaube an Freiheit. Ich weiß, dass wir unsere Pagane Partei kreativ, interessant und humorvoll gestalten müssen. Denn das zieht Menschen an, weil es glücklich macht. Und darum geht es: ums Glücklichsein! Egal ob im Leben, in der Partei oder in einer Beziehung: Wir wollen glücklich sein.

In den einzelnen parteiinternen Organisationen und Gruppen darf niemals dem Gefühl Raum gegeben werden, dass sie getrennt oder besser sind als andere. So etwas ist Dünkel. Es ist Gift für die Pagane Partei und wird ihre Lebensadern zerstören. Wir sind alle Kinder derselben Erde. Sie ist unsere spirituelle Mutter-Vater. Wir sind alle Geschöpfe derselben Energie. Das ist eine spirituelle Wahrheit! Vergesst das niemals und falls es euch passiert, dann erinnert euch wieder daran!

Erfüllt die Pagane Partei mit Leben. Denn das Leben ist heilig. Fürchtet euch nicht voreinander und verurteilt nicht, falls jemand etwas sagt, das anders oder neu ist. Die Pagane Partei ist ein lebendiger Organismus, der alles miteinander verbindet. Was in dem einen Teil passiert, wird sich früher oder später auch auf die anderen Teile auswirken. Deshalb seid ihr und euer Handeln gleich wichtig, egal ob ihr euch im kleinsten Dorfzentrum oder auf einem der größten Jahreskongresse befindet: Alles und alle sind wichtig!

6. Pathos der Paganen Partei

Wir sind Pagane und wir leben pagan. Das ist unser Selbstverständnis. Nachweislich gibt es seit zehntausenden Jahren Menschen auf der Erde mit diesem Selbstverständnis. Auch wenn sie das Wort Pagan nicht benutzt haben, so beschreibt dieser Begriff doch die Art ihrer Lebensweise exakt.

Seitdem sich die ersten Ansiedlungen gebildet haben, gestalten wir Menschen aktiv unsere Politik. Das Thing im Norden Europas ist etwa ein solches archaisches Ritual, das dies eindeutig beweist. Dabei war Pagane Politik nach meiner

Recherche, die erste politische Kultur der Menschheit. In der heutigen Zeit ist sie nur noch eine Randerscheinung. Das ist, angesichts dessen dass Pagane das Politische sehr wahrscheinlich erfunden haben, eine Katastrophe. Diesen Umstand will diese Arbeit schnellstmöglich ändern. Denn die Pagane Partei gehört zurück an die politische Spitze der menschlichen Gesellschaft. Das nicht nur weil es ihr Ursprung ist. Sondern sie gehört zurück ins Rampenlicht der Welt, weil sie genug Mehrwert besitzt, um die Welt zu bereichern. Sie gehört auf die politische Bühne, weil sie das Potential hat, die Welt zu verbessern.

Während ich das schreibe, träume ich von einer neuen Form Partei. Eine, die auch aktiv Verantwortung und Verpflichtung von ihren Wähler*innen fordert und ihnen nicht nur Honig ums Maul schmiert (jene legendären Lügen, die nach der Wahl kaum noch erwähnt werden). Ich träume vom Ende der passiven Partei. Aktuell sind diese Passiven Parteien vorherrschend. Sie sind stumpfe Hüllen ohne Leben. Wenn ich von der Paganen Partei träume, dann stelle ich sie mir lebendig und pulsierend vor. Vielleicht schaffen wir das, indem wir unentwegt die Kulturschaffenden* fördern oder durch unseren wirklich lebendigen Glauben.

Mein Traum beinhaltet den großen Wunsch, dass wir gemeinsam wachsen. Es geht mir um die Entwicklung jedes einzelnen Individuums, wodurch sich automatisch die gesamte Gesellschaft weiterentwickeln würde. Ich glaube an das Wir und die Kraft der Freundschaft. Wir müssen es zusammen anpacken.

Harte Arbeit ist der Pathos der gesamten Paganen Bewegung. Die Götter und Göttinnen kommen nicht und schenken uns alles. In Wahrheit senden sie uns ihr glänzendes Vorbild als Ansporn, um hart zu arbeiten und für immer danach zu streben, über uns hinauszuwachsen. Wir müssen das Anpacken kultivieren. Zu tun, zu schaffen, selbst hart zu schuften, kann Spaß machen, wenn es mit der richtigen Einstellung geschieht.

Selbst die beste Politik kann nichts bewegen, wenn das Volk träge ist und sich nicht aktiv an den Verbesserungen und Reformen beteiligt.

Aktive Wähler*innenbeteiligung muss deshalb für immer Teil des Paganen Pathos werden. Das darf jedoch ausschließlich auf demokratische Art und Weise geschehen; also friedlich und nicht mit brutaler Gewalt wie es Fundamentalisten*, Kommunisten*, Militaristen*, Technokrat*innen und Faschist*innen tun!

Ich spreche nicht für Leute, die ihre Meinung mit Gewalt ausdrücken wollen. Natürlich will ich, dass ihr handelt. Aber wenn euch etwas stört, dann geht in die Things eurer Gegend und diskutiert dort. Redet über eure Probleme, bittet um Hilfe und plant friedliche Aktionen. Oder geht mit Trommeln vor die politischen Zentren und trommelt mit euren Slogans. Lasst die ganze Welt eure Meinung hören!

Die Pagane Partei kann nur in einer Demokratie existieren, denn in einer Diktatur sind alle abweichenden Meinungen nur Schein. Deshalb hört die Pagane Partei dort auf zu existieren, wo die Demokratie endet. Es gibt verschiedene Meinungen und das ist gut so. Wir sind die Paganen. Wir sind die Naturreligiösen und wir sind die, die mit der ersten und ursprünglichen

Kultur der Menschheit in Einklang stehen. Wir sind eine Gemeinschaft und dennoch wird es unter uns so viele verschiedene Meinungen wie Anhänger*innen geben. Das ist ein Gewinn und so muss es auch dauerhaft betrachtet werden. Verschiedene Meinungen und Blickwinkel sind ein großer Schatz.

Wir Paganen brauchen unsere eigene politische Interessenvertretung. Nur Narren würden das anzweifeln! Denn mit ihrem Zweifel beweisen sie, dass sie die Welt wie sie ist, nicht verstehen. Dazu brauchen wir ein starke, etablierte und handlungsfähige Pagane Partei. Glaubt aber nicht, dass es über Nacht gelingt, eine solche Partei aufzubauen. Es braucht sehr viel Kraft, Ausdauer, Geld, Planung, Energie und wirklich gut koordiniertes Teamwork. Es erfordert Organisationstalent, Networking, Kreativität und Weisheit. Um seriöse politische Arbeit zu leisten, braucht es Jahre der Erfahrung! Uns muss bewusst sein, dass es Jahre dauern wird, die sozialen Netzwerke aufzubauen, die die Pagane Partei tragen werden.

Erinnern wir uns für einen Moment an die ersten großen Denker*innen unserer uralten Menschheitsgeschichte. Ich stimme diesen Weisen* der alten Zeit zu: Sie sagten sinngemäß, dass es wichtiger ist, ob ein Mensch ein gutes Herz hat, als welche Religion, Hautfarbe oder Geschlecht dieser Mensch besitzt oder wie viel Reichtum. Es sind Güte, Hilfsbereitschaft und Mildtätigkeit, die wirklich im Leben zählen. Diesen Pathos ethischer Mitmenschlichkeit müssen wir in alle politischen Tätigkeiten der Paganen Partei einfließen lassen. Wir dürfen das niemals vergessen. Denn nur die richtigen moralischen Ideale und Maximen werden Pagane Politik wertvoll machen.

Wenn ich sage, dass es Zeit für eine neue Generation Pagane ist, dann möchte ich die alte Generation dadurch nicht abwerten. Ich betone das mit Nachdruck: Ich habe tiefste Respekt für die Paganen der Vergangenheit! Ich bin ihnen dankbar für all die guten Dinge, die sie getan haben. Sie hinterlassen uns ein reiches Erbe und eine wunderbare, alte Geschichte.

Doch wir müssen uns eingestehen, dass die Welt sich weiterentwickelt hat. Die Wissenschaft schreitet kontinuierlich voran und wir besitzen viele neue Technologien. Es gibt heute andere Aufgaben und es gibt größere Aufgaben, die wir meistern müssen, um ein gutes Leben zu realisieren. Um den Heiden der Erde ein gutes Leben garantieren zu können, muss sich die Pagane Partei den Aufgaben der heutige Zeit stellen! Das wird nur möglich sein, wenn wir uns weiterentwickeln. Denn nur wer sich weiterentwickelt, ist in der Lage, die immer neuen Problemen lösen zu können und als Sieger*in hervorzugehen!

Das Pagane der Erde ist extrem komplex. Der Paganen Partei geht es in ihrer Arbeit nicht um das Recht aller Paganen über die einzelnen Paganen Traditionen. Die Pagane Partei erhebt keinen Anspruch darauf, den einzelnen paganen Kulturen vorzuschreiben, wie sie ihre jeweilige Religiosität gestalten sollen. Gerade das freie Ausleben Paganer Religion ist das Ziel der Paganen Partei.

Worum es uns geht, ist die gemeinsame Pflicht, gegen kulturellen Missbrauch durch Nicht-Pagane vorzugehen. Es geht uns um die gemeinsame Pflicht, dem Missbrauch und der Gewalt durch nicht-pagane Kulturen entgegen zu treten. Ein Beispiel ist das Weihnachtsfest und die Behauptung, es wäre eine christliche Erfindung. Diese Behauptung ist kulturelle Aneignung, die allgemein in freiheitlich, demokratischen Staaten verurteilt werden sollte. Ein anderes Beispiel ist die Zerstörung Paganer Zentren während des christlich-europäischen Kolonialismus.

Das sind nur zwei von vielen Beispielen, in denen dezidiert Pagane Kultur und Besitz von Nicht-Paganen vereinnahmt und für eigene Zwecke missbraucht wurde. Tatsächlich freuen wir uns, wenn sich Nicht-Pagane* mit dem Paganen auseinander setzen. Wir laden sie dazu herzlich ein. Doch wir wehren uns gegen Missbrauch. Wir sind offen für den interkulturellen Austausch und Dialog. Doch wir verlangen von allen (Paganen und Nicht-Paganen) die Maximen der allgemeinen

Menschenrechte einzuhalten und wir bestehen auf gute Umgangsformen.

Von einer heilen und gesunden Welt profitieren wir alle. Dazu bedarf es fester moralischer Standards. Wir Paganen erwarten von anderen, dass sie diese Standards einhalten. Doch wenn wir das von den anderen erwarten, dann müssen wir auch garantieren, dass auch wir Paganen diese moralischen Standards einhalten. Deshalb verpflichtet sich die Pagane Partei zur aktiven Werteerziehung.

Erziehung war und bleibt ein Hauptmerkmal aller Paganen Kulturen der Erde. In der Vergangenheit war sie der Grundbaustein jeder Paganen Gemeinschaft, ohne den ein Überleben nicht möglich gewesen wäre. Erziehung ist auch für uns heute extrem bedeutend. Erziehung, Aus-, Fort- und Weiterbildung und Schulung müssen der Mittelpunkt der Paganen Partei sein, falls sie langfristig überleben will. Mit dieser Grundaussage startet die Pagane Partei und diese Wahrheit wird sie in die Zukunft führen.

Ein Teil des Paganen Pathos ist das Band der Generationen. Wir können dieses Band auch das spirituelle Band der Ahnen nennen. In den führenden Wirtschaftsnationen zerreißt dieses Band immer mehr, weil dem hedonistischen Konsum die Vormachtstellung eingeräumt wird. Das ist für die Pagane Partei inakzeptabel. Die Verbindung der Generationen, sowohl innerhalb der Familie als auch außerhalb, ist das positive Merkmal unzähliger Paganer Kulturen. Kein noch so toller Konsumgenuss kann das tiefe Glück, die Erfahrung und die Erfüllung dieser generationsübergreifenden Verbindung ersetzen. Die Pagane Partei baut auf dieses Band. Sie fordert es, sie lehrt es und sie schützt es!

Wir Menschen sind Träger einer uralten Geschichte. Sie begann lange bevor die ersten Buchstaben auf Papier oder Papyrus geschrieben wurden. Wir sind die Erben dieser Geschichte und gleichzeitig sind wir die, die dieses Erbe weiterreichen. Dabei spielt es keine Rolle, ob wir selbst Kinder haben oder nicht. Wir sind Träger dieses Erbes als Teil der Gesellschaft, welche die nächste Generation hervorbringt. Das legt eine Verantwortung auf unsere Schultern, der wir uns zu stellen haben. Wir dürfen uns dieser

Verantwortung nicht durch stumpfen Konsum entziehen, weil wir sonst Leid über die nächsten Generationen bringen, bevor sie überhaupt geboren worden sind.

Die Pagane Partei verurteilt Konsum nicht. Tatsächlich spielt die Wirtschaft und gute Wirtschaftspolitik für uns eine zentrale Rolle. Auch hier betonen wir, dass beim aktuellen Stand der Geschichtswissenschaft es Pagane Menschen waren, die zum ersten Mal bewusst ökonomisch gehandelt haben. Deshalb können wir annehmen, dass zu wirtschaften, bzw. ökonomisch zu handeln, eine Pagane Erfindung ist, bzw. es sich um ein urtümlich Paganes Kulturprodukt handelt.

Ich habe schon angedeutet, dass die Spezifika Paganen Wirtschaftens für mich ein wichtiges Steckenpferd sind und ich mich mit den Wirtschaftsheid*innen besonders verbunden fühle. Tatsächlich wird der Erfolg der Paganen Partei maximal von ihrer Wirtschaftspolitik abhängen. Wir brauchen also möglichst viele junge Leute, die sich in diesem Bereich spezialisieren. Wir brauchen ein Maximum an

Know-How in Bereichen wie Marktanalyse, wirtschaftlicher Innovation, Produktkreisläufen, Verkauf und Arbeitsmarktentwicklung.

All die vielen Einzelkompetenzen, die wir brauchen, um draußen auf der politischen Bühne zum Star zu werden, subsumieren sich in unserem Paganen Pathos. Dieser Pathos ist unser Glaube. Denn wir machen Politik auf einer säkularen und multikulturellen Bühne, doch wir tun es als religiöse Partei. Es macht keinen Unterschied, ob wir das Pagane als Religion oder Spiritualität bezeichnen, wichtig ist, dass wir verstehen, was damit gemeint ist. Das Pagane ist etwas spirituell-religiöses oder für viele auch esoterisch-mystisches. Aus dieser einzigartigen Perspektive heraus entsteht unser Pathos.

Wir sind Pagane. Einige Eckdaten des Paganen stehen fest und doch wird sich jede Generation Pagane neu definieren müssen. Das ist die Aufgabe jeder Generation. Es ist gleichzeitig Bürde wie Chance. Ebenso ist es mit unserem Pathos. Da ist dieses Gefühl, das alle Paganen Menschen im gesamten Zeitenstrom verbindet. Dieses Gefühl ist unser Pathos. Doch dieses

Pagane Gefühl muss sich in jeder Zeit neu vergegenwärtigen. Umstände ändern sich. Gesellschaften ändern sich. Techniken und Kulturen entwickeln sich weiter. Unter dem Wandel dieser Bedingungen muss sich Pagane Kultur stets neu erfinden.

Es ist unser Gefühl, welches uns Pagane mit der religiösen Wahrheit in Verbindung treten lässt. Unser Denken ist nicht immer so schnell und selbst unsere Maschinen erfassen nicht alles. Doch unser Gefühl – nennen wir es unser Paganes Gefühl – sieht durch die Dunkelheit ins Licht einer goldenen Zukunft. Vertrauen wir darauf! Vertrauen wir darauf, dass unsere goldenen Herzen uns dorthin führen, wovon wir träumen!